Let's ask
a doctor
mental
health

心のお医者さん
に聞いてみよう

発達障害の子どもの自己肯定感をはぐくむ本

親だからできる“二次障害を防ぐ”8つのサポート

小児精神神経科医・どんぐり発達クリニック院長
宮尾益知 監修

大和出版

はじめに

10代は、どんな子どもにとっても乗り越えるべきことが目白押しの時期。勉強、運動をがんばり、友だちとも仲良くやっていかなければなりません。

発達障害のある子は、その特性から対人関係が苦手だったり、得意、不得意が極端に偏っていたりします。学校生活が始まり、多くの人と集団で生活するようになる思春期に、問題となって現れます。できないことが増え、仲間がつくれず、努力では改善できないことに戸惑い、苦しみ、強いストレスを感じます。

やがて「みんなはできるのに自分はダメだ」と自己肯定感が低下していくのです。うつ病や不登校などの二次障害を引き起こすこともあります。

こうした困難をさけるには、「自分はそのままで大丈夫」という自己肯定感をもたせることです。親や周囲の大人がその子の存在を認め、関心・興味を尊重し、夢をもたせれば、将来が開けていきます。夢は、エネルギーの源泉です。子どもは夢をもつと、つらいことを乗り越える勇気を得ます。親は、自立を促しながら、子どもが自分らしく輝けるようにサポートしていきましょう。

本書では、発達障害のある子が10代を乗り越え、自立するための上手なサポート方法をご紹介します。

小児精神神経科医・どんぐり発達クリニック院長
宮尾 益知

CONTENTS

はじめに――2

Part1 思春期のSOS 子どもの自己肯定感を高めれば、将来のつまずきを防げる――7

こんなことありませんか?（子ども編）
発達障害の特性による問題が
ストレスとなり、心身に現れる――8

こんなことしていませんか?（大人編）
「ダメ」「どうしてできないの」
否定の言葉が子どもを追い詰める――12

二次障害のメカニズム
成長とともに生きづらさが増え、
自己肯定感を失い、うつ状態に至る――14

セオリー・オブ・マインド
思春期に「他人の考え」の存在に
気づくため、苦しむようになる――16

二次障害の回避①
まず発達障害自体を理解し、
起こりやすい問題を予測する――18

二次障害の回避②
「ボクはダメ」は赤信号。
大人の助けで10代を乗り切る――20

◉ギフテッドと発達障害
早期に気づいて、適切な対応をすることで、
得意分野で花開く可能性が大きい――22

Doctor's VOICE
父親が「2E」であることも多い。
ギフテッドには家族の支援が必要――26

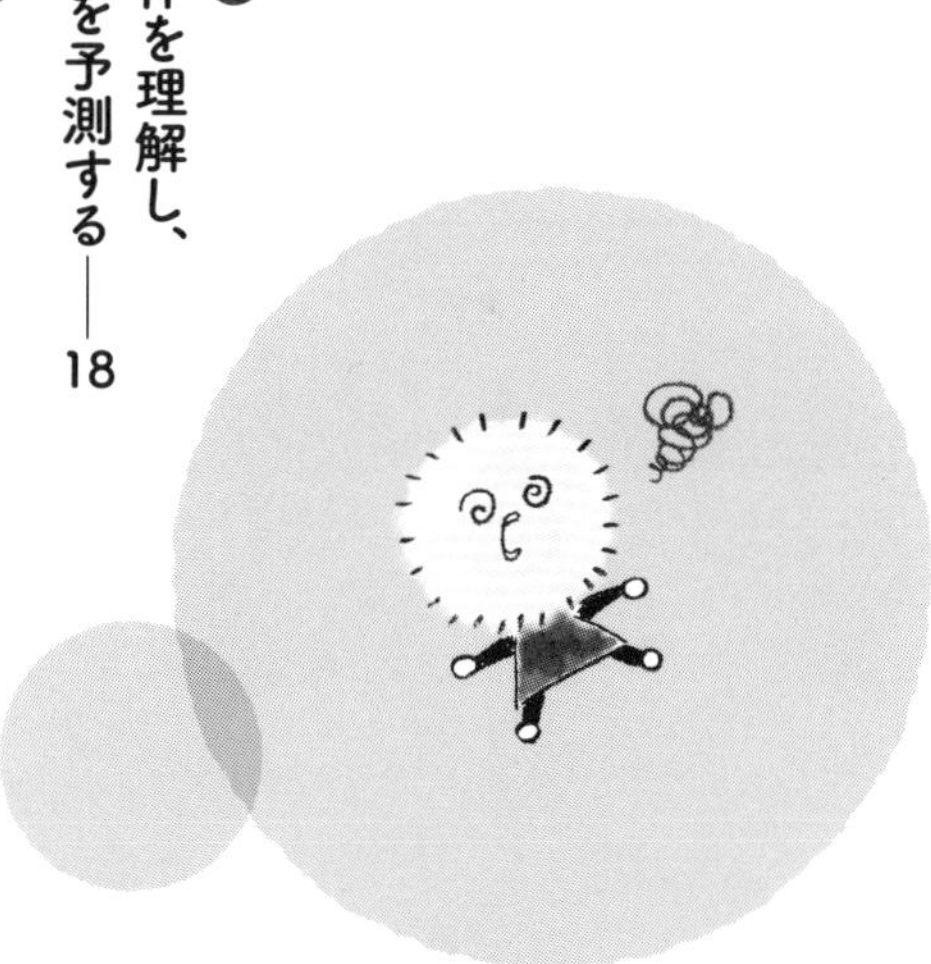

Part2

親子の信頼関係は築けている？
わが子の個性を認め、自己肯定感のベースをつくる——27

共同注意❶ 同じ世界を共有することが、親子関係の第一歩——28

共同注意❷ 子どもの視線を追いかけ、親から子どもの世界に入っていく——30

わが子の世界 同じ体験をすることで、子どものもつ豊かな世界を感じる——32

親子の信頼関係❶ 診断名だけで判断せず、目の前のわが子をちゃんと見る——36

親子の信頼関係❷ 過干渉・不干渉ではなく、助け舟を出しながら見守る——38

親子の信頼関係❸ 親の不安や焦りは悪影響。親自身の自己肯定感も高める——40

Doctor's VOICE 発達障害のある子のきょうだいは大丈夫？——42

Part3

自己肯定感を育むための8つのサポート
子どもに夢をもたせ、得意分野で生きられるように育てる——43

CONTENTS

サポート❶ 心構え
二次障害予防だけではない。
社会を生き抜けるように手助けを――44

サポート① 解説
「普通がいちばん」から解放し、
社会に踏み出す自信をもたせる――46

サポート❷ ルールづくり
ルーティンの時刻を固定し、家庭生活のルールをつくる――48

サポート② 解説
実行機能の弱さを生活ルールで補う――52

サポート❸ 暴力の禁止
親が知らずにしている暴力を自覚する――54

サポート③ 解説
暴力を〝当たり前〟にせず、
家庭を安心できる場にする――58

サポート❹ ほめ方
ほめる基準をたくさん設けて、
本人にわかるようにほめる――60

サポート④ 解説
ほめられることで
達成感と効力感を得られる――64

サポート❺ 手助けのしかた
本人の特性を理解し、上手に助け、
よりよい方向に導く――66

サポート⑤ 解説
叱るのではなく、がんばりを認め、視野を広げる――70

サポート❻ 興味の発見
いろいろな経験をさせ、
興味を引き出すお膳立てをする――72

サポート⑥ 解説
役に立つかどうかは脇に置き、
広い度量で見守り続ける――74

サポート❼ 思考力の育成
本、映画などの文化資本に
触れさせ、思考力の基礎をつくる――76

サポート⑦ 解説
成功談に触れて、
夢をもつことを教える――78

サポート❽ メンターづくり
親の理解を超えるときは、
知識・経験のある大人に任せる――80

サポート⑧ 解説
先を見通し、前に進むために、その道の先輩を目標にする——82

Doctor's VOICE
父親の教育参加は一歩引いておおらかに構える——84

Part4
親の余裕が大切
支援機関を利用し、サポートを受けながら子育てする——85

支援機関
福祉サービスを利用し、親の負担を軽減する——86

困ったときに頼りたい!
発達障害のある子と家族を支援する機関——88

学校との交渉
子どもへの対応のしかたを、先生と打ち合わせ、共有する——90

医療機関との連携
専門的な支援を受けることで、二次障害を予防する——92

Doctor's VOICE
仲間外れ、SNS経由の性被害……思春期の女の子へのケア——94

おわりに——95

参考資料——96

イラスト●さかがわ成美
デザイン●酒井一恵

Part 1

思春期のSOS

子どもの自己肯定感を高めれば、将来のつまずきを防げる

発達障害のある子が、
もっともつまずきやすいのが思春期。
自己肯定感の低下を、
どうやって防ぐかは
親のサポートにかかっています！

発達障害の特性による問題が ストレスとなり、心身に現れる

ストレスサインを出している

発達障害のある子は、その特性により、社会ルールが守れなかったり、人とのやりとりで問題を起こしたりしがちです。それが引き金となり、強いストレスを受け、うつ病や不登校などのいわゆる二次障害を引き起こすことがあります。子どもたちはストレスサインを出しています。本人に自覚はありません。周囲が気づいて対処する必要があります。

身体的な訴え

頭痛や肩こり、腰痛、疲れ、だるさといった
身体的な不調を訴える。

□ すぐに疲れる

疲れがとれず、家で寝てばかりいる。学校では保健室で過ごすことが多くなる。思春期にはホルモンバランスの変化が影響することも関係する。

□ 体が痛い

肩や腰の痛みを訴える。ストレスを受け、緊張が続き、体がこわばってしまう。ゲームなどのやりすぎ（P11）で、凝っていることもある。

□ 頭が痛い

頭痛を訴えることが多い。背後に緊張状態からくる肩や首の凝りが影響していることがある。

いたいよー
気持ちわるいよー

いままで
熱中してやっていたことを
やらなくなったりしたら
要注意です！

二次障害が出やすいのは思春期

他人の存在

発達障害のある子は、他人の存在、気持ちなどを意識するのに時間がかかります（P17）。他人の存在を意識できない幼児期ならストレスも少ないのですが、10 歳前後の思春期になると、他人の存在を意識するようになり、ストレスを受けやすくなります。

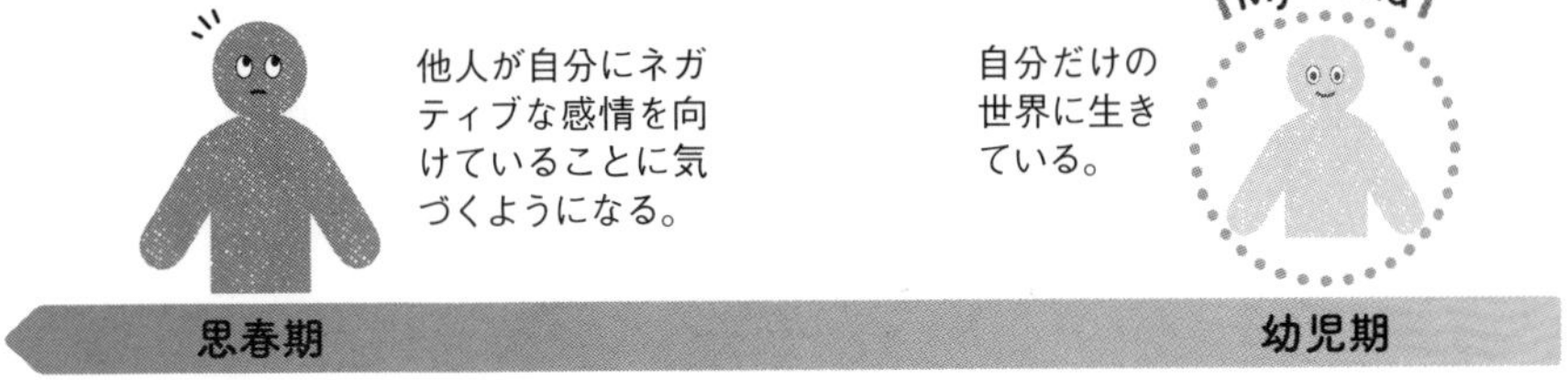
他人が自分にネガティブな感情を向けていることに気づくようになる。
My world
自分だけの世界に生きている。
思春期
幼児期

睡眠のトラブル

睡眠サイクルが乱れて、
朝起きられなくなる。
睡眠サイクルが乱れることで、
注意・集中力が低下したり、
生活リズムが崩れて、
不登校の原因になったりすることも。

らん
らん

☐ 寝つきがわるい

部屋を暗くして、ベッドに入っても目がさえてしまう。眠りたいのに眠れない。

☐ 朝、起きられない

朝、決まった時間に起きられない。起きても寝不足からぼんやりしてしまう。

かんしゃく・反抗

いら立ちや怒りを衝動的に表現する。
とくに ADHD の場合は、
衝動性が高い傾向があるため、
かんしゃくを起こしやすい。

キーッ

☐ 反抗的な態度を見せる

反抗期はどんな子どもにも訪れるものだが、誰に対しても口答えしたり、人のせいにしたり、手がつけられない。

☐ イライラしてかんしゃくを起こす

汚い言葉を吐いたり、モノを投げつけたり、大きな声を出して泣き叫んだりする。やたらとはしゃぐ場合もある。

集団生活に馴染めずに、ストレスを感じる

小学校にあがると、保育園や幼稚園よりも厳格な集団生活のルールにのっとって集団生活を送らなければなりません。小学校はおもに定型発達の子どもたちによって構成されているコミュニティです。発達障害の特性ゆえに、集団に馴染めず浮いてしまうこともあります。

友だちや先生が自分に対してネガティブな感情を向けていることに気づくようになると、学校生活に強いストレスを感じるようになります。

学校でのトラブル

学校での友だちづき合いでトラブルを起こす、また勉強についていけなくなる。その結果、学校に行きたがらなくなる。

□ ケンカをする

本人は悪気がないのに、周囲を怒らせたり、傷つけたりしてしまい、ケンカをしてしまう。

□ 仲間外れにされる

とくに女の子の場合、ガールズトークに加われずに仲間外れにされてしまう。

□ 特定の科目を拒否する

発達障害の特性によっては、運動や絵画、裁縫、料理などが苦手なことも。これらに関係する学科を拒否するようになる。

□ 成績がわるくなる

学年があがるにつれ、授業についていけなくなり、勉強をしたがらなくなる。学習意欲を失い勉強をしなくなり、学力も低下しがち。

その結果

□ 学校に行こうとすると具合がわるくなる

学校生活になんらかの問題があるため、学校に行くのを拒むようになる。学校に行こうとすると体の不調が生じることもある。

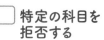

親がいち早く異変に気づくことが大事

学校でストレスを受けていれば、以下のようなストレスサインが見られます。また、親に叱られてばかりいたり、親が不仲だったりして、家庭内にストレスがある場合も、こうしたサインが見られます。

発達障害のある子が、将来自立していくためには、大人によるサポートが欠かせません。つまずきをほうっておき、自力で立ち直らせるのは困難。親が子どもの異変にいち早く気づき、対処することが大切です。

家のなかでの変化

つらいことが続き、自己肯定感が低下。自分を否定するような態度を見せたり、現実逃避してゲームに没頭したりする。

□ 自分をダメだという

自分のことを「ダメなやつ」「できない子」などと、否定的な言い方をする。

□ ゲームばかりしている

インターネットやゲームに夢中になる。食事中やトイレ中でもやり続ける。親に嘘をついてでもやろうとし、とりあげようとすると暴力をふるうことも。

□ 口数が減り、無気力になる

以前より表情が乏しくなり、口数が少なくなる。自分のことを話そうとしなくなり、無気力になる。

□ 自分を傷つける

自分で壁に頭をぶつけ続けたり、髪の毛をブチブチ抜いたり、自分の体を傷つけたりする。

その結果

□ 不登校になる・ひきこもりになる

学校に行けなくなり、家から出ようとしなくなる。さらには自分の部屋から出てこなくなる。

「ダメ」「どうしてできないの」否定の言葉が子どもを追い詰める

大人の言動で否定的な気持ちになる

親や周囲の大人の言動で発達障害のある子が追い詰められてしまうことがあります。できないことをとり上げて叱り続けたり、うとましい気持ちを感情的にぶつけたり、逆に無視したり……。子どもは投げやりな態度で自己否定するようになります。また、家庭内が不穏だと、安心して過ごすことができず、ストレスが増幅していきます。

過干渉・暴力

心配のあまり干渉しすぎる。暴力によって
子どもの行動を制約しようとする。
子どもを萎縮させ、やる気を奪うことになる。

□ 暴力をふるう

たたく、蹴るなどの身体的な暴力だけでなく、大声で叱ったり、モノを投げたり、舌打ちをしたりするのも暴力にあたる（P54）。

□ 何度も問いただす

「どうして？」「なぜ？」と子どもの不可解な行動や失敗について詰問し、説明を求める。

□ 先回りしてやってしまう

失敗させないように、本来子どもが挑戦すべきことを、先回りして言ったり、やったりしてしまう。自由に考え、行動し、学習する機会を奪っている。

□ 困惑した表情を見せる

「またか……」「やっかいだな」「面倒くさいな」といったネガティブな感情を、大きなため息をついたり、ぼやいたりして表現する。

□ 見て見ぬふりをする

ケンカをしていたり、いじわるされていたり、叱責されていたり、第三者から攻撃を受けているのが分かっているのに知らんぷりする。

家族の機能不全

家庭は発達障害のある子が
唯一安心して過ごせる場所。
家族の機能が不全だと、
当然子どもにも悪影響が及ぶ。

□ 生活が乱れている

家庭生活に規律がなく、寝起きする時間、食事の時間もまちまちで生活リズムが整っていない。

□ 家族が不仲である

家族が不仲で、いつも口論したり、暴力が見られたり。夫婦ゲンカを見せることも暴力に相当する。

無関心な対応

手助けが必要なのに、無視したり、
見て見ぬふりをしたり。
子どもを孤立させてしまう。

□ 無視する

子どもに対して無関心。または子どもの存在を無視して、話しかけることもない。

□ 発達障害を理解していない

家族のなかに、子どもの発達障害を正しく理解していなかったり、偏見をもっていたりする人がいる。

□ 家庭内で孤立している

家族のなかで頼れる人がいない。なにかあっても守ってもらえない。孤立しているため、つねに不安を抱いている。

成長とともに生きづらさが増え、自己肯定感を失い、うつ状態に至る

自己肯定感の低下が二次障害の引き金

発達障害は、社会機能障害のひとつ（P18）。社会で生活するとき、さまざまな支障が生じます。障害には３つのタイプがあり、特性が異なります。

成長とともに特性が影響し、生きづらさが生じます。自力で状況を改善するのは困難です。

思春期以降は周囲と違和感を覚え、ありのままの自分を受け入れる感情（自己肯定感）がなくなり、うつ病などの二次障害を引き起こします。

発達障害の特性と起こりやすい問題

ADHD（注意欠如・多動症）

●**特性**　多動性があり不注意で落ち着きがない。よく考えずに行動してしまう。

●**起こりやすい問題**

- □自分の机にいられない
- □ほかの子にちょっかいを出す
- □突然的外れのことを言う
- □居眠りをしてしまう
- □忘れものが多い
- □無意味なこだわりが強い

など

ASD（自閉スペクトラム症）

●**特性**　人とのかかわりが苦手で、コミュニケーションがうまくとれない。秩序・ルールを厳守し、こだわりが強い。感覚が鋭い。

●**起こりやすい問題**

- □集団行動に馴染まない
- □同時に複数のことができない
- □こだわりが強く融通がきかない
- □優先順位がつけられない
- □音、光、においなどに過敏
- □他人の動きに合わせて体を動かすのが苦手

など

SLD（限局性学習障害）

●**特性**　聞く、話す、読む、書く、計算する、または推論する能力のうちのいずれかが苦手。

●**起こりやすい問題**

- □数字や文字がわからない
- □計算や推論ができない
- □バランス感覚が乏しく動きがぎこちない
- □学習についていけない
- □周囲の無理解で疎外感を覚える

など

二次障害を
起こさないためには、
「自分のままでいてもいい
という感覚」を
もち続けることが大事
なんだよ！

さらに家族の機能不全が
加わるケースも
よく見られます！

成長過程と自己肯定感の変化

幼児期

幼稚園・保育園（小学校入学以前）

緩やかな秩序のコミュニティで失敗も大目に見てもらえる

発達障害のある子は、他人への関心が薄い。幼稚園や保育園では、「まだ小さいのだから」と集団行動ができなくても大目に見てもらえ、自己肯定感が損なわれることが少ない。

自己肯定
毎日、
楽しいな～

小学校入学後

本格的な集団生活がスタートし、失敗・挫折が増える

定型発達の子どもたちが占める小学校という新たなコミュニティで、一定の秩序のもとで集団生活を強いられることになる。これまでにない失敗や挫折が生じるが、自分では防いだり、改善したりすることができない。

混乱
どうしてうまく
いかないんだろう
……

思春期

小学校中～高学年

周囲との違いに苦しむようになる

ADHD や ASD では、定型発達の同級生に違和感を覚えるようになり、周囲から向けられるネガティブな感情に気づくようになる。しかし問題がわからず、自己肯定感が低下する。SLD では、高学年になるにつれ学習についていけなくなることで、自己否定の気持ちがふくらむ。

自信喪失
ボクは
ダメな子だ

二次障害の危険大

- うつ病・心身症
- 不安障害
- 不登校・ひきこもり
- 素行障害（非行など）

セオリー・オブ・マインド

思春期に「他人の考え」の存在に気づくため、苦しむようになる

発達障害のある子は、小学校に入学した頃から周囲との関係がうまくいかなくなり、思春期にトラブルが急増する傾向があります。

ASDもADHDも周囲に関心をもたない特性がある

定型発達でも、発達障害のある子でも、幼児期の子どもは個人差が大きいものです。集団から外れた行動をしても、幼稚園や保育園の先生は、とくに指摘しません。

ところが小学校に入ると環境は変わります。子どもたちはきちんと椅子に座って、授業を聞くことを課せられます。成長とともに、子どもたちのほうもルールに従って行動できるようになります。集団生活の秩序を乱す存在は問題視されるようになります。とくにASDとADHDでは、集団生活が苦手という特性があり（下）、他人に合わせて行動できず、クラスのなかで浮いた存在になりやすくなります。

ADHDもASDも他人の考えに関心がない

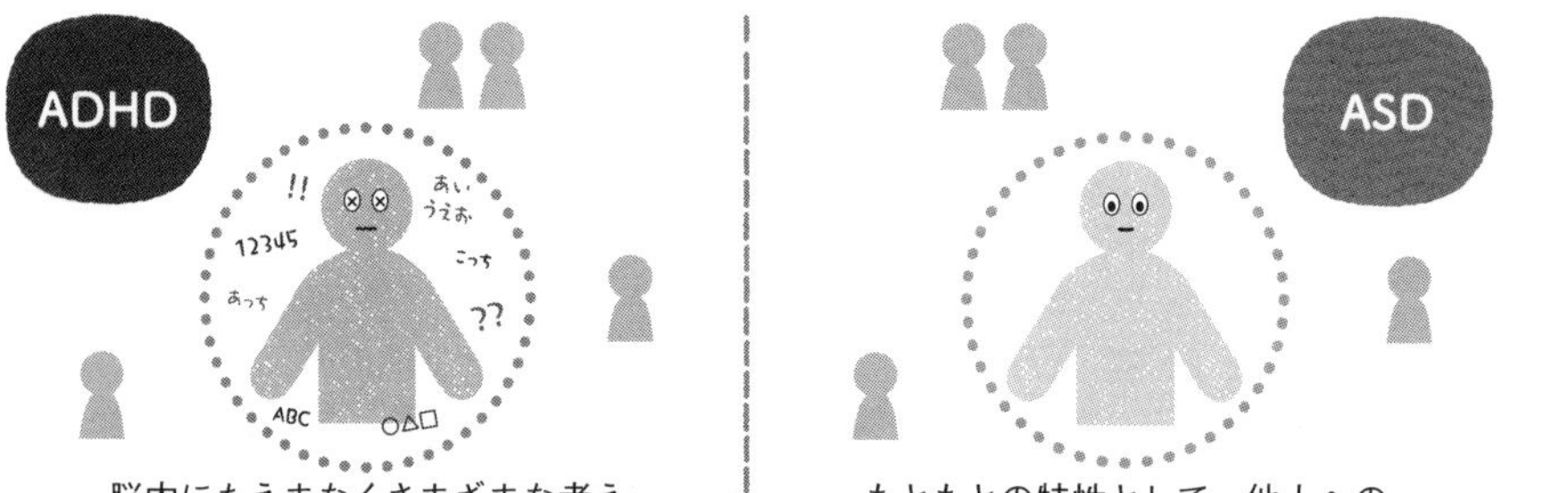

脳内にたえまなくさまざまな考えが浮かぶため、他人の考えを想像する余裕がない。

もともとの特性として、他人への興味・関心が極端に薄く、相手の立場に立つ発想がない。

「セオリー・オブ・マインド（ToM）」に気づくのが遅い

小学校低学年までは、本人はクラスで浮いていることに気づきません。そのため居心地のわるさを感じることもありません。

ところが小学校高学年の思春期の頃になると、「他者」の存在を意識するようになります。他者には他者の視点や立場があることを理解できるようになるためです。相手の考えを類推する能力を「セオリー・オブ・マインド（ＴｏＭ・心の理論）」といいます。この能力は、たんに他者の考えを読みとるだけでなく、相手の立場や心の動きをシミュレーションして思いやりを示すなど、良好な人間関係を保つのに役立ちます。

ＴｏＭは、定型発達では3〜5歳で獲得されますが、発達障害では獲得が遅れます。ＡＳＤのなかで、知的障害がなく、言語能力が高いアスペルガータイプで8歳頃、言語の遅れがある高機能自閉症で10歳頃に獲得します。つまり思春期に、周囲のネガティブな対応に気づけるようになるのです。

ただ、本人には原因も改善策もわかりません。「落ち着きがない」から浮くなら、それを修正すればよいのですが、わからずに混乱してしまいます。

人間関係には「ToM」が必要

ＴｏＭの証明に使われるのが「サリー・アン課題」です。サリーがビー玉を自分のバスケットに入れて部屋を出た後、アンがサリーのバスケットからビー玉をとり出し、自分の箱に移します。サリーが戻ってきたときどこを探すか、ビー玉が最初はどこにあって、いまはどこにあるのかを尋ねると、就学前の子はほぼ正答しますが、他者の視点がわからないＡＳＤの場合では正しく答えられないことがあります。

二次障害の回避❶

まず発達障害自体を理解し、起こりやすい問題を予測する

発達障害とは、遺伝的・環境的要因により脳を含む中枢神経系に問題が生じ、認知機能が偏る障害です。育て方で起こるものではなく、障害とは呼ばず、脳機能のでこぼこ、発達でこぼこという人もいます。

脳機能のでこぼこが激しいと集団生活から外れやすい

人は誰でも多動的なＡＤＨＤ、自閉的なＡＳＤの傾向をもっているものです。発達障害を脳機能のでこぼこだと考えると、でこぼこが激しいと、普通の範疇《はんちゅう》から外れやすくなります。周囲に合わせて生活できなかったり、周囲に合わせなくても平気でいられたりすると、社会生活において問題が生じ、医療機関で発達障害だと診断されます。つまり発達障害は「社会機能障害」だといえます。発達障害のある子は、家庭から学校、地域社会へと生活の場が広がるにつれ、学習の遅れ、仲間外れ、いじめなどの問題を抱えやすくなります。こうした一次的な問題が引き金

発達障害、二次障害の診断は、小児神経科・児童精神科へ

子どもに発達障害の可能性がある場合、小児神経科や児童精神科の専門外来を受診し検査を受けます(P23)。このときに二次障害の可能性もチェックしてもらえます。

これらの診療科の対象年齢は18歳までですが、発達障害の治療は通常長期になるため、初診受付を「16歳まで」とするクリニックが一般的。それ以上の年齢では、一般の心療内科になりますが、発達障害の問題を扱うかの事前確認が必要です。

となり、うつ病などの「二次障害」を引き起こしてしまうのです。

悪循環で自己肯定感をさらに下げないように注意

ＡＤＨＤの子は記憶力に秀でているゆえに、うつ病を引き起こしやすい傾向が見られます。クリニックで、友だちに3回殴りかかった男の子に理由を尋ねると、「あいつがいままでに3回バカと言ったから」と過去の場面を詳細に教えてくれました。彼は過去の場面を鮮明に記憶し、脳内で反芻するたびに否定的な感情でいっぱいになっていたのです。

ＡＳＤの場合、他人への関心が薄く、社会生活でトラブルが生じるとひきこもりになりがちです。現実から逃避してゲームに依存する傾向も見られます。また、ＳＬＤの場合は読み書きができないこと自体が一時的な問題となり、学習を拒否することがあります。

みんなとうまくやれず、先生や親に叱られ、ストレスを感じ、自己肯定感は低下していきます。多くの二次障害の原因はこの自己肯定感の低下です。親や周囲は発達障害のタイプによって起こりやすい問題を予測し、これ以上自己肯定感を損なわないようにしなければなりません。さらに、子どもの得意なことを見つけ、伸ばし、いきいきと生きていけるような手助けが欠かせません。

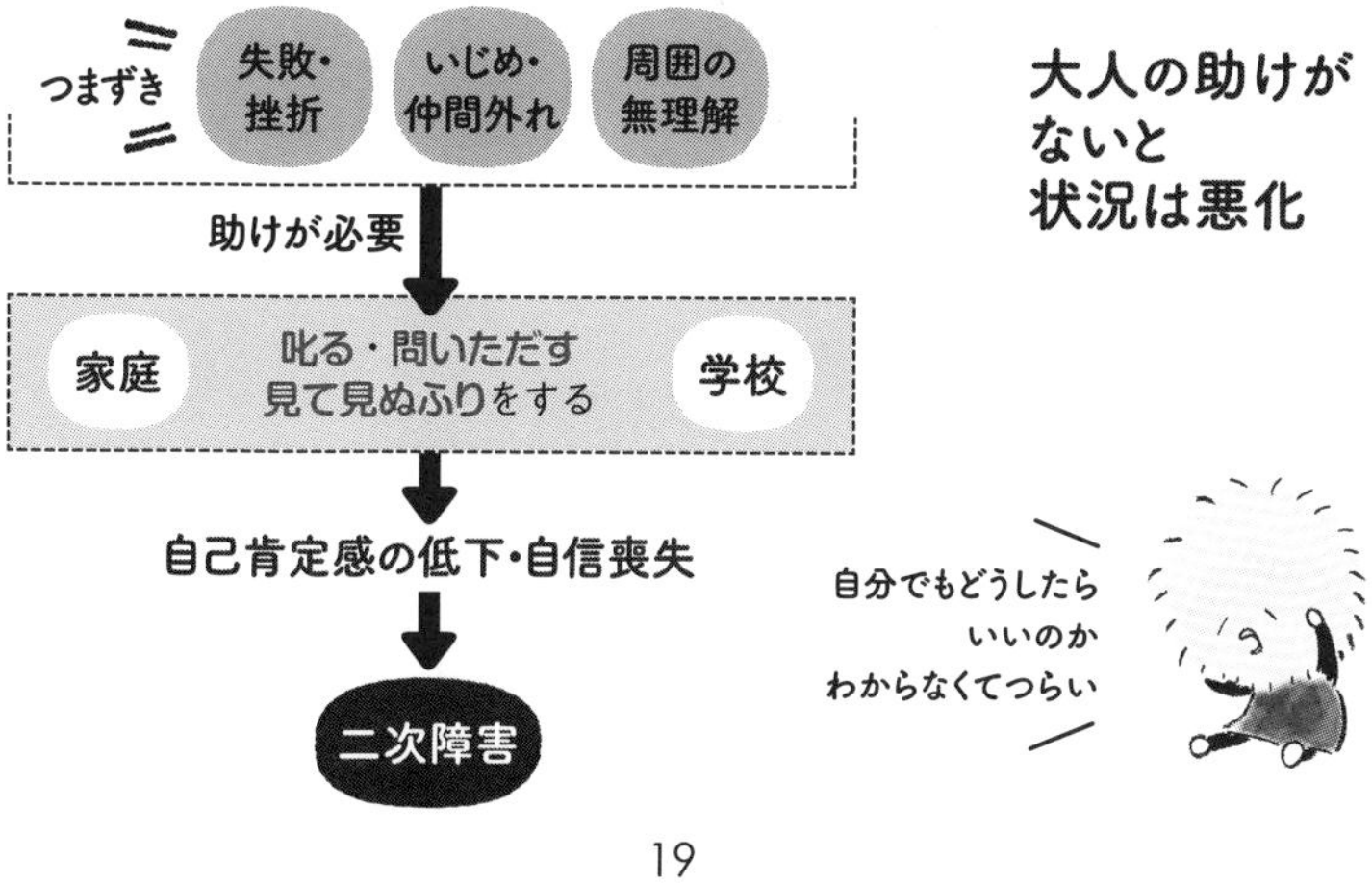
大人の助けがないと状況は悪化
つまずき
失敗・挫折
いじめ・仲間外れ
周囲の無理解
助けが必要
家庭
叱る・問いただす
見て見ぬふりをする
学校
自己肯定感の低下・自信喪失
二次障害
自分でもどうしたらいいのかわからなくてつらい

二次障害の回避②

「ボクはダメ」は赤信号。大人の助けで10代を乗り切る

思春期になると、自分と他人との違いに気づいてストレスを感じることが増えます。二次障害を起こさないようにするには、親や周囲が「普通」から外れても存在を否定しないことが大切です。

発言の背景にある「みんなと違う」つらさを理解する

発達障害のある子は、10歳を過ぎた頃から、自分のことを「ダメなやつ」「わるい子」など、否定的な言葉で表現することが増えてきます。とくにＡＤＨＤの子どもに多く、本人に明確な自覚がなくても、学校での周囲の対応に傷ついたりし、つらさを抱えていることが原因です。

10代は、どんな子にとっても試練の多い年代です。学校には通知表があり、個人の得意不得意にかかわらず、あらゆる科目で基準を満たすことが求められます。発達障害のある子は、できること、できないことの差が大きくなり、周囲から否定的に扱われることが増えるために、なお

思春期以降に起こりやすい二次障害

心身症	うつ病	不安障害
ストレスが続くことが影響し、慢性的な身体の痛み、アトピー性皮膚炎、喘息、脱毛症など、身体面での不調が長く続く。	対人関係や学習のつまずきなどで自己肯定感が低下し、身体機能と精神機能も低下。抑うつ状態が長期間続く。治療をしても、発達障害は解決されないため、くり返すケースが多い。	周囲からネガティブな対応をされ続けることで、不安な気持ちが生じやすくなる。漠然と不安を感じることもあれば、対人関係において不安を感じ、人とかかわろうとしなくなることも。

さら生きづらさに悩むようになります。

このため、つらい現実に耐えられず、部屋にひきこもってしまったり、ゲームに依存したり、また反社会的な行為に走ったり、うつ病になったりしがちなのです。

自分が受け入れられている感覚をもつことが大事

10代を乗り切るには、親のサポートが欠かせません。学校の先生と親がしっかり連携をとり、情報交換しながら支えていくことは重要ですが、まず家庭を癒やしの場として機能させることを心がけましょう。

発達障害のある子たちは、苦手なことを笑われたくない、つらいと感じ、外ではまるでロボットスーツを着ているかのように緊張しています。家ではじゅうぶんリラックスする必要があるのです。

親は子どもが言うことを聞かず、叱りたくなることも多いでしょう。でも四六時中イライラしていたら子どもの神経が休まりません。家庭が子どもの安全地帯になるように、家族団らんを心がけてください。家族は小さな社会です。まず家族にありのままの自分を受け入れてもらうことで、自己肯定感が生まれます。外でつらいことがあっても、家で「大丈夫、これでいい」と自分にＯＫを出せるようになることが重要です。

不登校・ひきこもり

成績の低下や、失敗、挫折、対人関係のトラブルなどで学校生活を平穏に過ごすことができなかったり、家族の不和、機能不全で孤立していたりするケースに多く見られる。

素行障害

行為障害とも。法に触れるような行為、例えば動物の虐待、器物損壊、万引き、窃盗など。幼少期から叱られ続けることが多かった子どもに現れやすい。

反抗挑戦性障害

毎日のようにかんしゃくを起こし、反抗的な態度をとり続ける。いつまでも根にもったり、自分の失敗も他人のせいにしたりすることが6か月以上続く。

ギフテッドと発達障害

早期に気づいて、適切な対応をすることで、得意分野で花開く可能性が大きい

知的水準がずば抜けて高く、難解な本を暗記してしまったり、
興味のあることを突き詰めて考え、親や先生に質問をして困らせたり……。
こうした子どもたちは「ギフテッド」と呼ばれる。
ギフテッドも発達障害同様に定型発達の子どもの世界では生きづらい。
しばしば発達障害と間違われたり、
発達障害の要素をあわせもったりすることがある。

ギフテッドのおもな特徴

IQが125〜130以上で、先天的に平均より顕著に高い能力が２つ以上あること。

❶記憶力が非常に高い
❷すぐにものごとを理解し、判断できる
❸年齢のわりに語彙が多い、複雑な文章構造を話せる
❹数字やパズルなどの問題を楽しむ

IQ が 125 ～ 130 以上あり特定の学問やジャンルにおいて高い能力を発揮する。

❺感情の起伏が激しく、神経質

大人が「扱いづらい子」だと感じることが多い。

❻社会や政治、不正に対して関心がある
❼想像力があり、空想に夢中になる
❽好奇心が強い
❾集中力が高い
❿並外れたユーモアセンスがある

強い好奇心と想像力があり、正義感が強いのも特徴。リーダーシップも高い。

IQ130以上の人は、
日本人では2.5%が存在するといわれています。
生得的な能力なので、教育や訓練によって
ギフテッドになるわけではありません

発達の状態を客観的にはかり、診断する

発達障害でもギフテッドでも、発達になんらかの問題がある子ども（16歳まで）は、小児神経科、児童精神科を受診し、検査を受ける。

問診と行動観察

子どもが生まれてからこれまでの成育歴を問診によって確認。同時に現在の子どもの行動を観察する。

発達検査

運動、言語、コミュニケーションにおける特性を見て、発達の段階が何歳程度なのかをチェックする。

知能検査

「WISC-Ⅳ」といういわゆる知能検査を行う。知能を「言語理解」「知覚推理」「ワーキングメモリー」「処理速度」の４つの指標と、それらの下位検査からはかり算出する。

IQの結果だけではわからない点が多々あり、今後は知能検査の下位検査の結果まで細かく分析、研究していく必要があります

脳の検査

発達障害があると、けいれん発作やてんかんが見られることも。脳波や脳の画像検査で脳の状態を確認する。

血液検査

別の病気の可能性はないか、ほかに併発している病気がないか、必要に応じて血液検査などでチェックする。

「育てにくい子」のＩＱをはかることで判明する

飛び抜けて高い知的能力や才能をもつ子を「天から与えられた能力（ギフト）をもつ者」として「ギフテッド」と呼びます。ＩＱが１２５〜１３０以上あるのが特徴。正確にはＩＱだけで判断できませんが、１３０以上の子はクラスに１人の割合で見られます。

ギフテッドは、特定の学問や芸術に強い知的好奇心をもち、好きな分野では非常に高い能力を発揮します。一方、興味のないことには関心を示さず、人間関係が苦手という特徴もあります。「育てにくい子」と医師に相談し、ＩＱをはかったらギフテッドだった、というケースもあるのです。発達障害同様に集団からは外れがちで不登校やうつ病の危険もあります。

定型発達と発達障害・ギフテッドの違い

定型発達で優秀だと評価される子どもとギフテッドは、社会性において大きな違いがある。またギフテッドで、かつ発達障害の特性をもち合わせる場合は２Ｅ（Twice-Exceptional ＝二重に特別な）」と呼ばれ、適切なサポートが必要。

人への興味あり！

定型発達で優秀な子

他人に興味・関心があり、新しく学ぶことに好奇心がわき、話を聞こうとする。学習理解が早く、簡単に課題をクリアしていく。

- □ **相手の話を興味深く聞く**
- □ **難しい課題も簡単にクリアできる**

人への興味なし！

ギフテッド	2E	発達障害
既知のことが多く、ほかの子と遊んだり、学習したりするのが退屈。認めることができる大人以外には反抗的。人には興味がない。人体には興味がある。	発達障害の特性とギフテッドの要素をあわせもつ。定型発達の世界で生きづらさを感じやすい。	発達障害の特性があり、その特性ゆえに生きづらさを感じることが多い。
□ **他人に興味を示さない** □ **激しい感情を表し、相手に意見する** □ **わかることはすべて退屈で答えることもしない**	□ **年齢の平均よりも語彙力、文章理解力や特定の能力が高い** □ **社会性、筆記能力が低い**	□ **ADHD、ASD、SLDの特性をもつ** □ **それらを複合してもつ子どももいる**

発達障害の特性をあわせもつ「2E」

ギフテッドのなかには、ASDやADHDの特性をもち合わせる子もいます。関心のあることに集中し、体力を消耗するほど夢中になったり（ADHD的傾向）、人ではなく、知識や事象、論理的なことに強くこだわったり（ASD的傾向）します。知的に高い要素と発達障害の要素をあわせもつ子どもは、「二重に特別」を意味する「2E」と呼ばれます。

2Eの子どもたちは知的レベルが高い一方、社会性が極端に乏しかったり、筆記が苦手だったりし、問題児扱いされることがあります。

2Eの子どもたちには、障害部分を支援しながら得意分野を伸ばすためのサポートが必要です。

ギフテッド、2Eの子どもが抱える生きづらさ

ギフテッドの子どもたちは、親にもはかることができない世界に生きており、「普通の日常」を退屈なものだと感じている。反抗的、机に向かわない、不まじめ……周囲に見せる不可解な言動にも、以下のような理由が隠れていることが多い。

先生の話は簡単で退屈だから、授業中はぼんやりしてしまう
話や趣味のレベルが合わない。友だちになんてなれない。学校なんて行きたくない
授業中になにかやらされても、「わかっちゃう」から無駄。最後までやりとげる気になれない
得意なことは多いけど、運動や字を書くことはあんまり。笑われるのがいやだから最初からやらない
先生の話は、論理性に欠けるし、矛盾が多い。こちらが反論しても理解できないから、本当にバカで困る
完璧にできないと納得できない。まわりはいい加減すぎて、イライラしてしまう

子どもの話を聞き、生き方を語る

アメリカには2Eの子向けに「2E教育」というとり組みがありますが、日本にはまだ確立したプログラムはありません。

定型発達の社会での生きづらさは、ギフテッドも感じているはずです。知的能力が高くても生きづらさに悩む人への支援が求められています。

私はクリニックで、薬物療法や作業療法を行うとともに、子どもの話を肯定し、いまもつ本人の力をいかし生きていくにはどうすべきかを、私自身の経験と知識をもって語っています。

対話を通じて自分を受け入れてもらったと感じると子どもは自己肯定感を高め、得意分野に集中してとり組めるようになります。

Doctor's VOICE

父親が「2E」であることも多い。ギフテッドには家族の支援が必要

「選ばれし子」とほうっておくと危険

こんな相談に来る方がいます。

「うちの子は生意気で気性が激しくて育てるのが大変なのですが、病院で相談したらＩＱが高いからギフテッドと言われました」

ＩＱが高い＝ギフテッドと言われると、親は「選ばれし子」のような感覚になるようです。

でもＩＱ130以上でも、勉強をしないでいたら、やがて100を割ってしまいます。

クリニックにはＩＱ130以上の子がたくさん来ますが、数百年にひとりのレオナルド・ダ・ヴィンチもアインシュタインにも出会ったことはありません。きっと将来優秀なビジネスマンや研究者になりそうなギフテッドレベルの人がたくさんいますが、言い換えればＩＱ 130以上とは、「その程度」なのです。

ギフテッドに必要なのは自分の能力を知り、伸ばすこと。そのためには家族のサポートが必要です。

父親も息子も2E。家庭が壊れるケースも

あるギフテッドの男の子は、ASDをあわせもっている2Eでした。さらに父親は優秀なビジネスマンでしたが、検査を受けてもらうと2Eであることがわかりました。

父親は、子どものつまずきを理解できず、成績がわるいと息子を無視しました。母親（妻）にもつらくあたり、夫婦仲がどんどん悪化していきました。その結果、男の子はひきこもってしまいました。

父親も支援を受けられなかった2Eだと考えると、10代のうちからサポートを受けることがいかに重要かがわかります。

Part 2

親子の信頼関係は築けている?

わが子の個性を認め、自己肯定感のベースをつくる

子どもの自己肯定感を損なわないよう
親が適切なサポートをするためには、
まず、子どもの自己肯定感のベースとなる
親子関係をしっかり
築いておくことが重要です

同じ世界を共有することが、親子関係の第一歩

同じ対象を見て、注意を維持する

生後6か月頃になると親子が同じものを見（共同注視）、9か月を過ぎると親の視線を追い同じものに注意を注ぐ（共同注意）ようになります。

これによって対象に持続的に視線を向けつつ、他者と情動を共有することを学び、だんだんと自他の心の世界の違いに気づき始めるのです。発達障害のある子はこれらが苦手なため、他者の心への気づきが遅れがちです。

共同注視

視線を重ねることで世界を共有する

生後6か月くらいから母親とひとつの対象を見つめる「共同注視」が始まる。同じモノを見ることで、お互いの世界が重なり合い、コミュニケーションの基盤が生まれる。

ミラーリングと共同注意で母子関係が築かれる

母親は、自然とわが子の表情や声などから感情を読みとり、鏡のように子どものまねをし、自分の身体に子どもの感情を映し出します。子どもも同様に母親をまねるようになります（ミラーリング）。ミラーリングで母子間の情動が調和し、母子関係の基盤がつくられるのです。共同注意とミラーリングは、子どもが自他の違いを理解する「セオリー・オブ・マインド（ToM）」の気づきの重要な一歩です。

ここが苦手なままだと、わが子にどんなメッセージを送っても、うまく届きません。子どもの世界に親から入っていくようにしましょう（P30）。

ミラーリング・共同注意

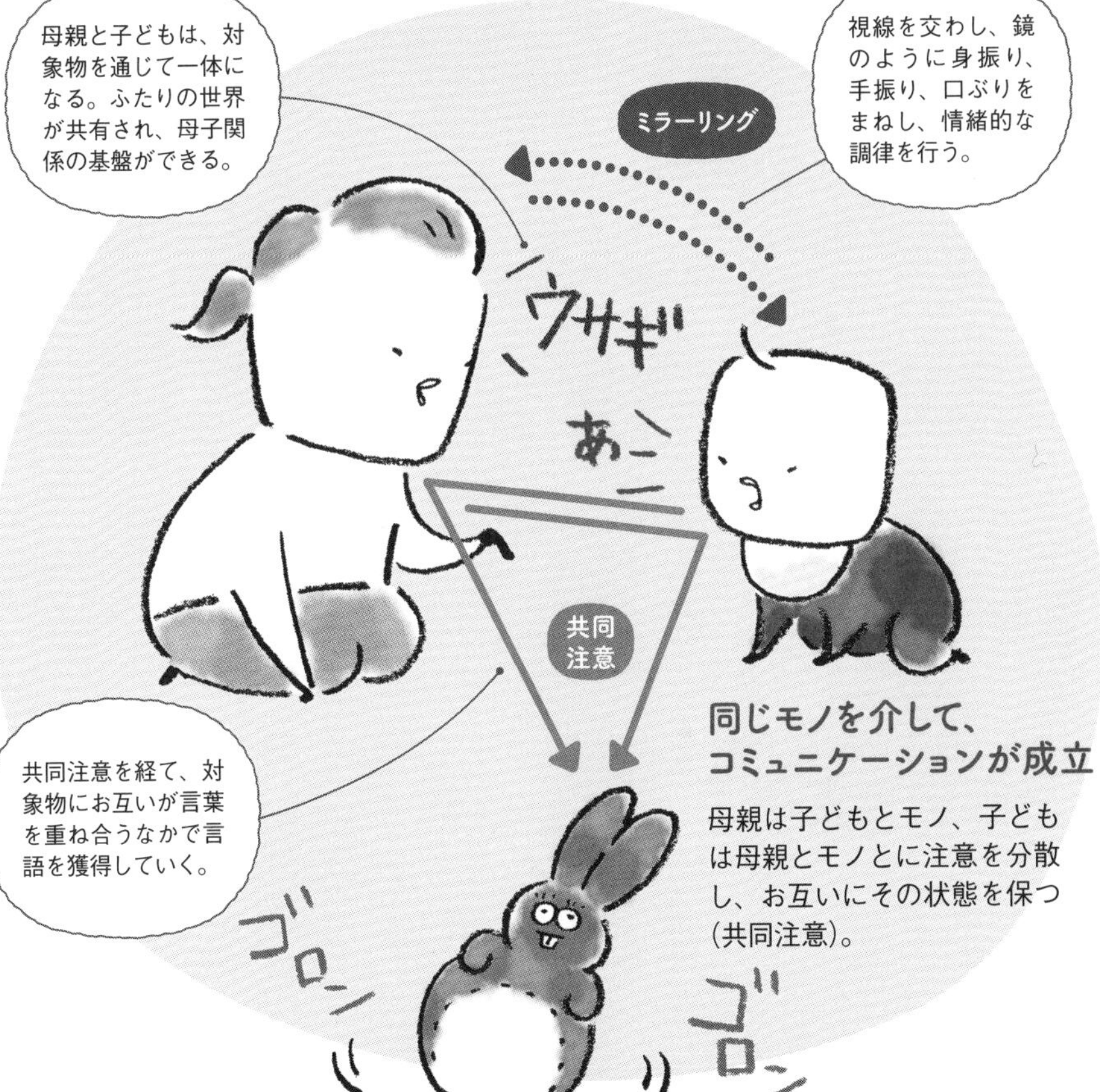
母親と子どもは、対象物を通じて一体になる。ふたりの世界が共有され、母子関係の基盤ができる。
視線を交わし、鏡のように身振り、手振り、口ぶりをまねし、情緒的な調律を行う。
ミラーリング
ウサギ
あー
共同注意
共同注意を経て、対象物にお互いが言葉を重ね合うなかで言語を獲得していく。
同じモノを介して、コミュニケーションが成立
母親は子どもとモノ、子どもは母親とモノとに注意を分散し、お互いにその状態を保つ（共同注意）。
ゴロン
ゴロン

子どもの視線を追いかけ、親から子どもの世界に入っていく

言葉が一方通行になっている

子どもが「あー」と言って花を指すと、母親は同じ目線で子どもの世界に入り、花を指し「きれいね」と共感を示します。こうやって親子が同じ世界を共有するなかで信頼関係が確立していきます。

発達障害があると、子どもの頃からこれが苦手です。子どもと親の世界が重なり合っていません。

✕ 親の言葉が子どもに届かない

親子の見ている世界がバラバラのまま、子どもの心に寄り添わずに言葉だけでなんとかしようとしても、子どもには届かない。子どもの世界を、親も共有することが大事。

子どもがなにを見ているのかを見ていない。
まったくもう! 散らかってるでしょ! なんで片付けられないのよ!
ぐちゃ
一方通行
子だけ
My world
一方通行
子どもがやることを「楽しそうだからほうっておこう」と、そもそも子どもの問題に気づかない親も多い。

同じことを体験し、子どもの世界を知る

　親子の世界が重ならないまま、親がメッセージを送っても、子どもの耳には届きません。対人関係の基盤づくりの弱さが、コミュニケーションをとりづらくしているのです。まず、親は子どもがなにを見ているのかをよく見てください。子どもを自分の世界に引き込むのではなく、自ら子どもの見ている世界に入りましょう。そこで子どもの身体感覚を自分も共有するよう努めてください。世界が共有されると、子どもは親の存在に気づきます。そこで初めて親の言葉が耳に入っていきます。

子どもの側にまわり 同じモノを見る

子どもと同じ側から、子どもの視線を追いかけて、子どもが見ているモノを見る。そして、子どもが見ているモノを指差し、子どもがそれを見て思い、感じるだろうことをイメージし、言葉で伝える。

子どものいる側に立ち、子どもの視線を追いかける。
親が対象物を見ると、子どもも親に注意を払うことができる。
子と親
Our world
親は対象物を見たら、子どもが感じるだろうことをボソッと言葉で伝える。
対象物
赤くてかわいいね
うん、赤くてかわいいよね

同じ体験をすることで、子どものもつ豊かな世界を感じる

子どもと自分の感じ方の違いを楽しむ

つい診断名で、こういう特性なのかとわかった気持ちになってはいないでしょうか。同じ診断名でも特性の出方は人それぞれ。きちんと目の前の本人を見ることが大事です。例えば親子で同じ体験をし、それぞれの感想を伝え合うのはどうでしょう。子どもが捉えている世界を、自分との違いを通じて実感できます。

Step 1 ノートを持って、子どもと一緒に一日を過ごす

親と子で同じノートやスケッチブック類を持って、子どもが行きたいと思っている場所に出かけてみよう。

同じタイプのノートを使うとよい。子どもと親のノートの使い方の違いなどもわかりおもしろい。

文字を書くのが苦手だったら、絵で表現してもかまいません。気持ちや考えをアウトプットできればOKです！

Step 2　スポットごとに感想を記す

スポットごとに子どもと同じ体験をし、同じものを見る。その後それぞれ自分のノート類に、感じたこと、思ったことを記していく。

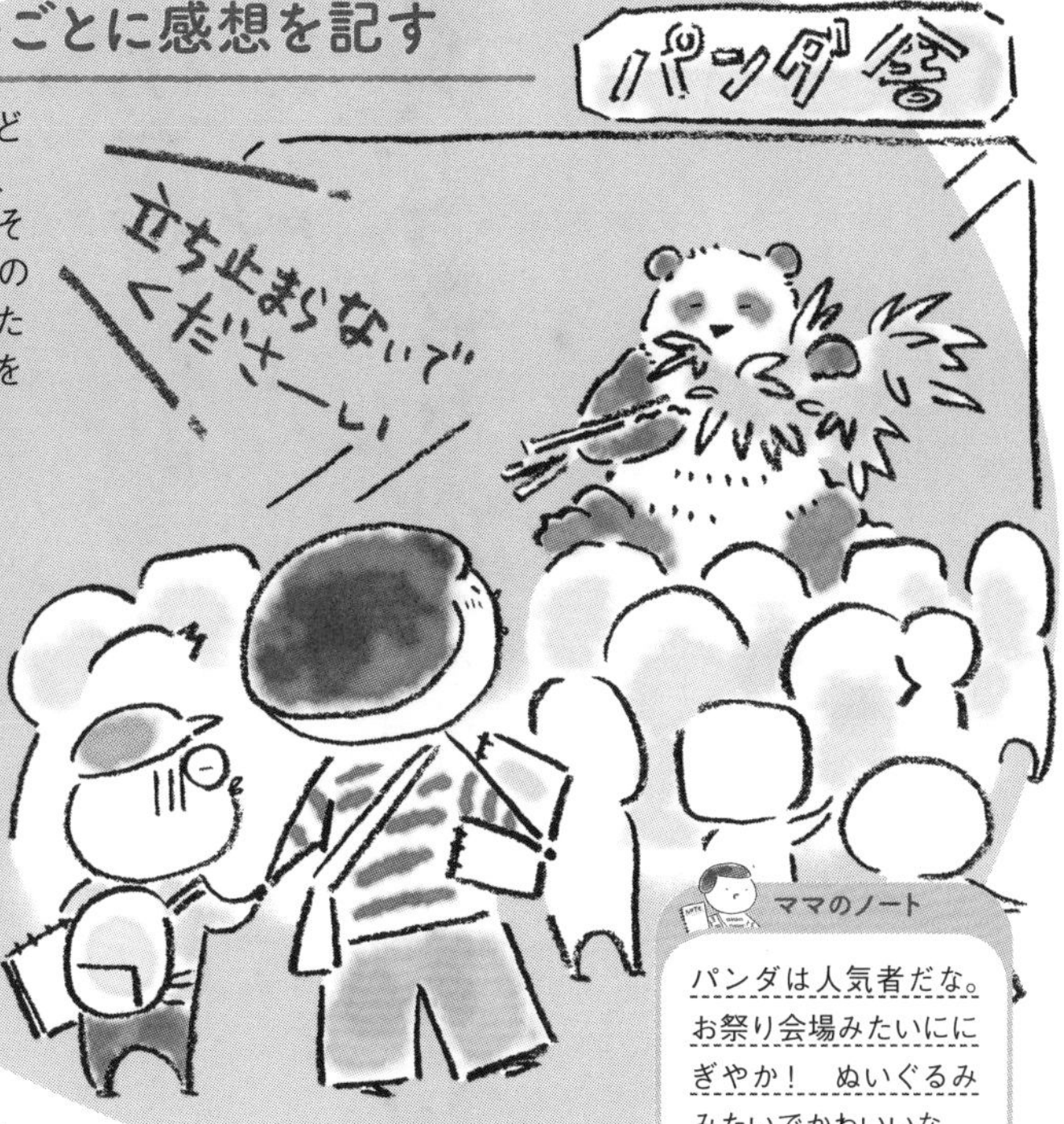

子どものノート

人が多すぎ。話し声がうるさくて頭がガンガンする。早く静かなところに行きたい

ママのノート

パンダは人気者だな。お祭り会場みたいににぎやか！　ぬいぐるみみたいでかわいいな

子どものノート

あこがれの珍獣、バビルサの頭骨を見つけた！牙のしくみをもっとよく見たい

ここは静かで落ち着く。ゆったりした気持ちになる

ママのノート

薄暗くてさみしい場所。骨ばかり並んでいてちょっと怖いな

Step 3 ノートを交換して見せ合う

帰宅したら、ノート類を交換し、お互いのノート類を読み比べる。お互いの感じ方、考え方の違いについて話し合い、理解する。

ノートに書かれたことを材料に、感想を広げていくとよい。

評価を下したり、批判したりするためではありません。お互いの感じ方の違いを発見し合いましょう!

Step 4 子どもの得意なこと、好きなことを質問する

親子の関係がしっかり築かれたら、子どもにどんなことが好きなのか、楽しいこと、好きなこと、興味があることについて質問してみよう。

命令的、否定的な口調は禁物。好意的な関心をもって、子どもの話を深掘りしていく。

子どもに質問して、好きなこと、嫌いなこと、得意なこと、不得意なことを聞いてみましょう!

会話のなかで出てきたことを、後で見返せるように書き留めておく。

子どもの得意・不得意を整理する

子どもの得意・不得意などを書き出し、整理する。漠然と質問されるのが苦手な子が多い。「好き・普通・嫌い」「サッカー・マラソン・水泳」など3択で選ばせ、絞っていくとよい。

	得意・好き・楽しい	苦手・嫌い・苦痛
遊び	●	●
	●	●
	●	●
運動	●	●
	●	●
	●	●
家事	●	●
	●	●
	●	●
人間関係	●	●
	●	●
	●	●

よーし！
周囲がほめて、ますます
自己肯定感UP

助けて〜！
周囲の助けで
自己肯定感DOWN
を脱する

親子の信頼関係❶

診断名だけで判断せず、目の前のわが子をちゃんと見る

発達障害と診断されるとつい診断名にとらわれて、子どもの個性を障害の特性で決めつけたりしがちです。発達障害はタイプごとに程度の幅が広く、複数のタイプが重なっていることもあります。傾向を理解する必要はありますが、その前に子どもの個性を見ることが大切です。

言葉が届かないのは、親子の関係の脆弱さも一因

発達障害のある子を育てていると、育てにくさを感じることがあるはずです。伝わらないもどかしさにいら立ってしまったり、落ち込んだり、疲れて、滅入ったりすることもあるでしょう。

発達障害の特性は脳機能のでこぼこによって生じています。けっして子育てでそうなったわけではありません。もともと共同注意（Ｐ28～31）が苦手で、関係性の基盤がつくりづらいために、生活に支障が出ます。

ＴｏＭ、言葉の発達、他者視点、対人関係、自分の認知を客観的に認

ASD は早期から支援する必要がある

発達障害のなかでもとくに ASD では、共同注意を保つのが苦手です。定型発達では２歳くらいまでに強固なものになる母親への愛着が、ASD では２～３歳頃に芽生えます。

また ASD の人の場合、人の表情や行動を見て同じ体験をしているように感じる神経細胞ミラーニューロンの働きが異なり、他人の感情を理解しづらいと考えられます。

早期からこうした特性を踏まえた支援が必要です。

知するメタ認知、よい自分もわるい自分もそのまま認める自己肯定感……人が社会で生きていくためには、いくつもの力を身につけなければなりません。その起点が、この関係性の基盤づくりにあります。

発達障害のある子は、この部分が脆弱で、社会に出て自立する際、つまずいたり、生きづらさを感じたりするようになります。

親の共感が、子どもの安心や自己肯定感の基盤になる

なかでも自己肯定感は、母親が乳児の存在をまるごと受け入れて肯定するところから育まれます。共同注意が苦手で、子どもが自分の世界から出てこないなら、親のほうから子どもをもっと観察し、子どもの世界に入っていって共同注意を行ってみてください。子どもがなにに関心を示しているかを知り、子どもの見ているものを見、視線をこちらから重ね合わせ、同じものを見ながら、その子が感じていることをイメージし、ボソッと言葉にしてつぶやいてみましょう。子どもは親の言葉に気づき、言葉を重ねます。そうやって親子の共感が生まれます。

こうしたことをくり返し、親子関係の基盤が強固になると、次第に家庭は子どものこころのベースキャンプとして機能します。家庭では、「ありのままの自分でいても大丈夫」という自己肯定感をもつことができます。

子どもが見ているものを、
一緒に見ることは、
身体のレベルで
お互いを理解するということ。
そのうえで言葉を使うと、
きちんと子どもの心に
響くようになります！

言葉であれこれ
言われても、
意図を汲めずに
困ってしまうことがあるよ

親子の信頼関係②

過干渉・不干渉ではなく、助け舟を出しながら見守る

発達障害のある子は、家の外に出ると緊張状態にあります。親しい友だちといても完全にはリラックスできません。家に帰り、他人の目がなくなったときだけが、唯一安らげる時間。自己肯定感をもつには、家庭を安全なベースキャンプにすることがなによりも大切なのです。

揺れ動く思春期こそ、家庭がベースキャンプになる

思春期になると、家庭の役割はさらに重要になります。子どもには意思が生まれ、自他の違いを認識して自立への思いが芽生えます。

発達障害のある子の場合、学校生活が平穏に過ごせず、友だちや先生とのあいだでいやな思いをする場面が出てくることも。こうしたことがつまずきとなり、自立が妨げられます。

家庭がベースキャンプとして機能していれば、傷ついた心を休め、癒やし、また立ち上がることができます。

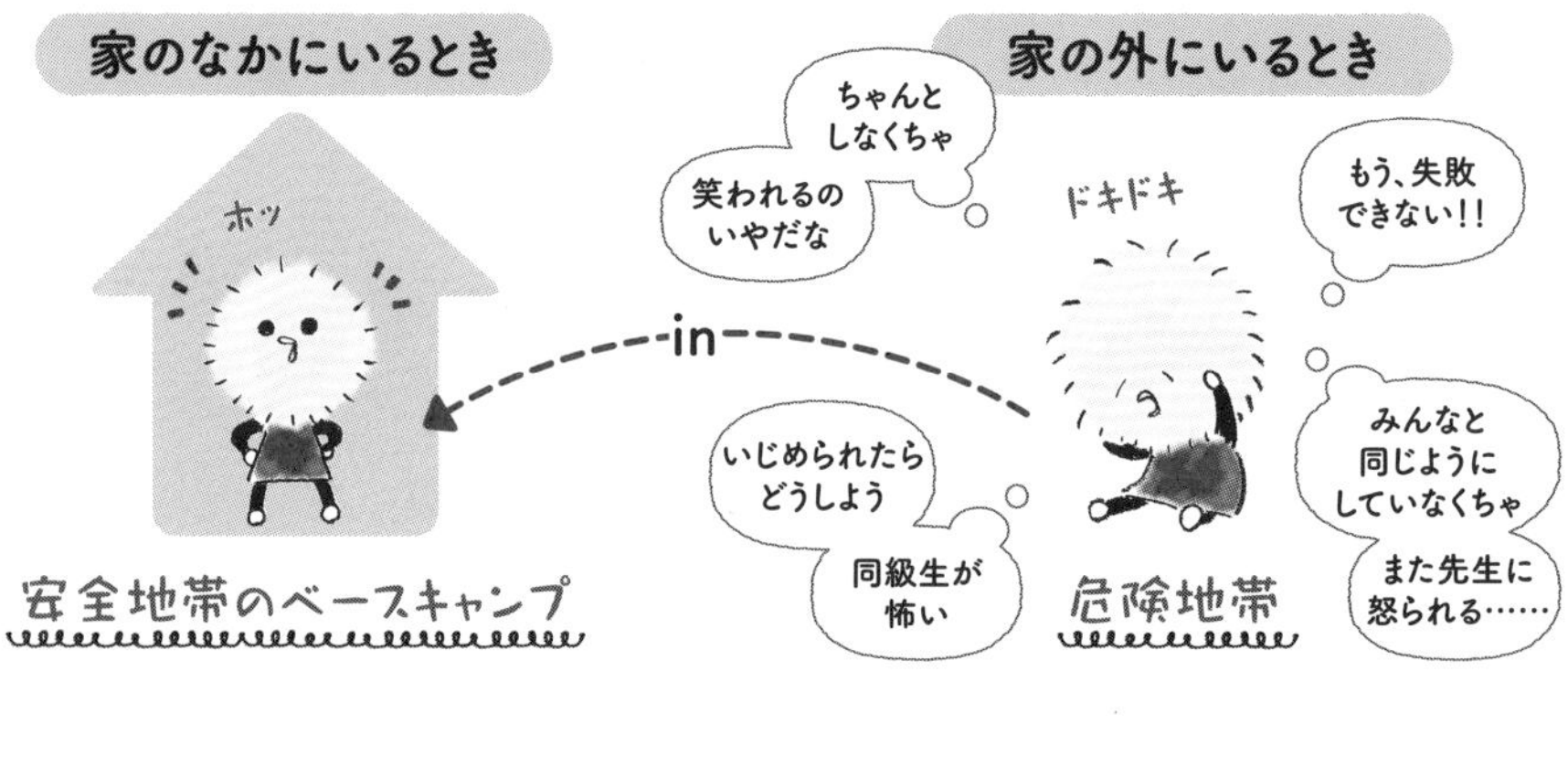
家のなかにいるとき
ホッ
安全地帯のベースキャンプ
in
家の外にいるとき
ちゃんとしなくちゃ
笑われるのいやだな
ドキドキ
もう、失敗できない!!
いじめられたらどうしよう
みんなと同じようにしていなくちゃ
同級生が怖い
また先生に怒られる……
危険地帯

このとき重要なのは、親が過干渉にも不干渉にもならないことです。母親は子どもを守ろうとするあまり、子どもの不可思議な言動の理由を考えがちになり、先回りして子どものやるべきことを肩代わりしてしまったり、事細かに指示を出したり、叱りつけたり……過干渉におちいりがちです。また、父親は難しい子育てを母親に任せきりにし、子どもを遠ざけ、無視したりしがちです。親は子どもに温かいまなざしを注ぎ、本人のがんばりを認め共感を示すこと。困ったときにはいつでも家庭に戻ることができ、けっしてひとりではないことを伝えてください。

自己効力感をもたせて、自立に向かわせる

発達障害のある子の場合、定型発達の集団のなかで生き抜くにはハンディがあります。親は、なにもせずに見ているだけでいいというわけにはいきません。必要な場面で助け舟を出すことも大切です。

例えば初めて子どもがブランコに乗るとき、親は子どもを背中から支え、しばらくして大丈夫だと思ったらそっと手を放します。子どもは気づいたらひとりで乗っていることを知り、そのとき自分でできたという自己効力感を獲得します。こうしたプロセスを経て、子どもは自分のやることに自信をもち、自立への道を踏み出せるようになります。

思春期からは
自分の意思がはっきりとしてきます。
なにをどこまでどうがんばるのか、
本人の意思を尊重しながら
手助けすることが大切です

親子の信頼関係❸

親の不安や焦りは悪影響。親自身の自己肯定感も高める

発達障害のある子を育てていくなかで、不可解な行動に、不安や焦りやいら立ちを感じ、「どうしてこんなことしたの？」と、理由を問いたくなることも多いものです。しかし、まゆをひそめ、不安げに「どうして？」「なぜ？」と問われた子どもは、それをどう受けとるでしょう。

子どもの存在を受け入れるためにはおおらかさも必要

子どもの毎日は、やってみて、失敗して、別の方法を試して……と試行錯誤の連続です。最初から目標に向かい、緻密な計画を立てて行動するわけではありません。理由もなくなんとなくやることもあるのです。

親がそれを責めたり問いただしたりしても、本人は答えようがありません。親の否定的な気持ちや不安を感じ、なにかいけないことをしてしまったのか、と不安が連鎖し、ちょっとしたことでビクビクするようになってしまいます。自己肯定感も低下していきます。

◎親は誰でもこんなふうに思うことがある◎

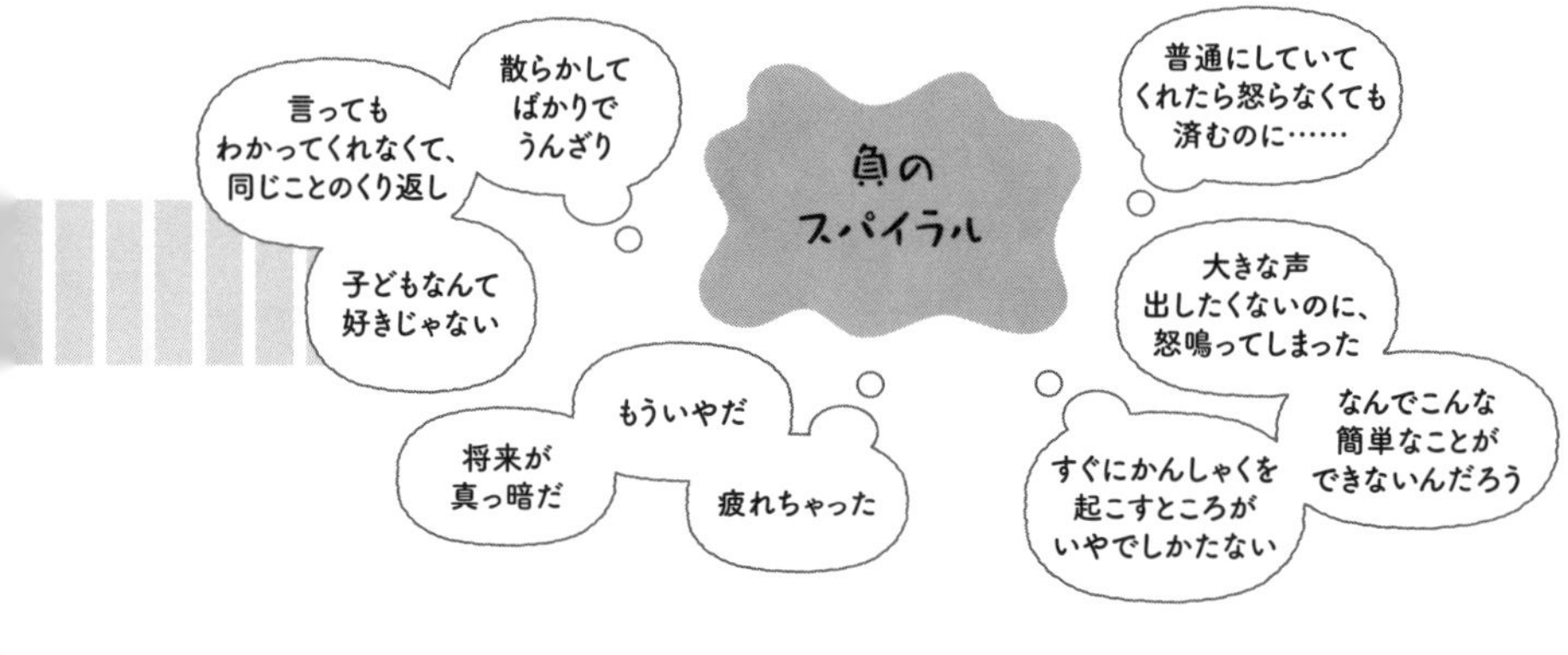
負のスパイラル
散らかしてばかりでうんざり
言ってもわかってくれなくて、同じことのくり返し
子どもなんて好きじゃない
将来が真っ暗だ
もういやだ
疲れちゃった
普通にしていてくれたら怒らなくても済むのに……
大きな声出したくないのに、怒鳴ってしまった
なんでこんな簡単なことができないんだろう
すぐにかんしゃくを起こすところがいやでしかたない

家族の生活が立ちいかなくなるほど、わが子の行動で悩むなら、迷わず専門家を頼ってください。

まずその子の立場になってみてください。多少の不可解さには目をつむり、「大丈夫、そんなこともある」とおおらかに受け止めたほうがいいでしょう。親が自分の味方なのだと思えると、子どもの不安は軽減され、不可解な行動も減っていきます。

親自身が過去をふり返り、自己肯定感を高める

子どもの行動を過度に心配する親の心理には、行動につねに理由を求める親自身の不安感が影響している場合があります。発達障害のある子の子育ては悩みの連続です。どうして、なぜ、と自分を責め、否定的な感情が強くなり、親自身の自己肯定感も低下しがちになります。

また、発達障害には遺伝的要素もあり、父親や母親にも発達障害の傾向が見られることが珍しくありません。クリニックで話を聞いていると「そういえば、うちの子は私の子ども時代にそっくりだ」と気づく親御さんもいらっしゃいます。ときには親自身が子どもから離れて休息をとり、自分を見つめ直すことも大切です。いまの自分がどうやってできたのかを考えると、わが子の見方も変わり、焦りも減ってくるでしょう。

ネガティブな感情を抱え続けていると、結果的に親自身の自己肯定感が低下。親子で共倒れしてしまいます。

ネガティブな感情にとらわれたら……（Part4）

❶周囲に助けを求める
❷子どもからいったん離れる
❸休息をとり、自分をいたわる

その結果……

私のせいでこうなったのかな
親の自己肯定感が低下
なんでこんなふうに思うんだろう
私はダメな親なんだ

Doctor's VOICE

発達障害のある子のきょうだいは大丈夫？

きょうだいには事情を話して協力を仰ぐ

発達障害のある子に兄弟姉妹がいる場合、障害のある子のケアに協力してもらうのがよいでしょう。

多くの兄弟姉妹は年が近いためライバル関係になりやすく、年の近い男同士の兄弟などは激しいライバル心を燃やします。けれども、発達障害のある子が二次障害を起こしそうな問題を抱えているなら、親が事情を説明してください。悩みを聞いたり、世話をしたり、サポートしようという気持ちが生まれます。

小さな子どもでも、親がていねいに説明すれば、きっと理解し協力してくれます。

ただし、たとえ兄弟姉妹が状況を理解しても、彼らの心には苦しさが残ります。親がかまってくれない、がまんさせられるという苦しさです。

将来に傷を残さぬよう、じゅうぶん愛情を示す

「うちのお兄ちゃんは発達障害のある弟の面倒を見てくれて助かる」と思うかもしれません。

しかし、そうした献身的なふるまいの裏には「なぜ自分が犠牲にならなくちゃいけないんだ」というがまんやさみしさが隠れているかもしれません。従順でよい子ほど、あるとき突然激しく反抗したり、精神的な問題が生じたりする場合があります。

クリニックでは、発達障害のある子のケアの時間に、兄弟姉妹にも課題を与え、サポートを行います。「自分がその時間家族の犠牲になった」と感じさせないためです。親は、兄弟姉妹にも毎日声をかけ、愛情を態度で示しましょう。親子の時間をつくることも大切です。

Part3

自己肯定感を育むための8つのサポート

子どもに夢をもたせ、得意分野で生きられるように育てる

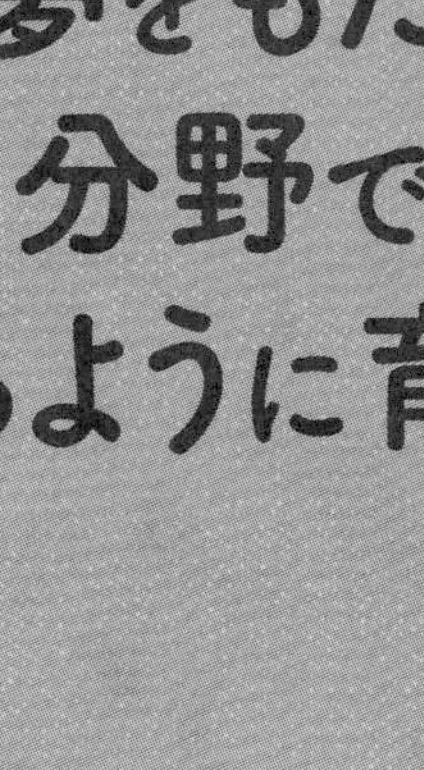

発達障害のある子が
定型発達の世界で
自分の個性をいかし
自立できるように、
適切な手助けをしていきましょう!

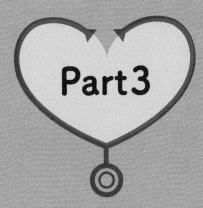

二次障害予防だけではない。社会を生き抜けるように手助けを

子どもたちのいまの立場を理解して助ける

発達障害の特性が強く出ると定型発達の子どもたちのなかで生きるのに支障が出ます。親はわが子の特性を理解し、定型発達の社会の「当たり前」をわかりやすく説明し、サポートする必要があります。自分でささいなことでもできるようになると自信がつき、生き抜く力が育まれます。

わが子が認知している世界を知る

わが子が定型発達の世界をどう認知しているかを知ったうえで、必要なサポートを行う。

発達障害のある子たちがいる世界

ADHD

周囲よりも自分の思考で頭がいっぱい

いつも脳のなかでおしゃべりしている感じ。ときどきぐったり。自分の思考が飛び回り、周囲のことまで気を配る余裕がない。

ASD

学校も家庭も自分のいない芝居を見ている感じ

学校も家も、自分とは関係ない世界がくり広げられている。会話は雑音で頭に入らない。なんで人が自分に声をかけるのか、よくわからない。

ギャップを埋めて、生き抜く自信をつけさせる

定型発達の世界の「当たり前」を人はわざわざ説明しません。でも、発達障害のある子たちは、定型発達とは違う認知の世界にいます。親は、そのギャップを埋め、そこで生きていける自己肯定感をもたせるようにサポートしていきましょう。

どんなサポートが必要？

- 本人の認知の世界を理解する➡サポート❶（P44）
- 生活の枠組みを教える➡サポート❷（P48）
- 親自身が暴力に自覚的になる➡サポート❸（P54）
- ありのままのわが子を受け入れる➡サポート❹・❺（P60・66）
- 定型発達の世界での居場所をつくる➡サポート❻（P72）
- 社会でやっていく力をつける➡サポート❼・❽（P76・80）

定型発達の人たちの世界

家庭
学校
当たり前
空気を読める
普通
みんな
言わなくてもわかる
たわいもないおしゃべり
以心伝心

発達障害のある子は、これ以外にも感覚過敏によって音や光、においなどの感じ方が大きく異なるため、集団のなかに加わるのがつらいケースも多い。

ポツン

SLD

学校も家庭もネガティブな印象ばかり

学校では苦手なことばかりさせられる。家では親に叱られる。「普通にやれ」と言われても困ってしまう。

サポート① 解説

「普通がいちばん」から解放し、社会に踏み出す自信をもたせる

近年、不登校が増加傾向にあります。なかでも発達障害のある子には多く見られ、不登校と発達障害の関係に注目が集まっています。

集団行動が目白押しの学校生活でつぶされないために

学校は「集団で学習する場」と考えられていますが、座席につき話を聞く学習もあれば、座席から離れ実技を行う音楽や図工、体育もあります。給食や集団登下校、遠足や運動会、修学旅行などの集団行動も目白押しです。幼稚園や保育園とは違い、つねに社会性が強く求められます。

また少子化も影響しています。昔は子どもが多かったので、集団から外れる子がいても見過ごされたり、成長を待ってくれたりしたものです。いまは目が行き届くぶん、外れた行動をとると目立ってしまい、厳しく指導されます。

特性、個性が強く現れると「みんなと同じことができないダメな子」

発達障害のタイプ別困難克服アドバイス

ASD

つねに予習が必要

どうなるかわからないことには手を出せない。事前準備をし、なにが起こるのかを予習することで、不安をとり除く。絵や写真など視覚的な説明のほうが頭に入りやすい。

ADHD

何度も復習が必要

衝動的な行動が目立ち、注意散漫になりミスが起こりがち。なにか新しいことを教えるときには、必ずその後に行動をふり返り、マニュアル化することが大事。

とレッテルを貼られ、つらい思いをします。「もっと普通にやりなさい」と発達障害のある子を無理に集団に参加させようとすると、状況は悪化します。認知機能や感覚の違いで起こる問題を、やみくもに直すように努力させたり、がまんさせたりすると、不登校になってしまいます。

小さな積み重ねで自己肯定感を高める

たとえ苦手な集団行動でも、逃げているだけでは定型発達の社会で生き抜くことはできません。親や周囲は、子どもが自ら足を踏み出せるようにサポートしていく必要があります。

親はまず、発達障害のある子がどのように家庭や大人を見ているのかを知り、感覚を共有します。定型発達の社会での「当たり前」「暗黙の了解」をひとつひとつ分析・分解して教えていくのです。

自分を受け入れてもらったと感じると、子どもは自己肯定感を保ち、行動する勇気を得ます。少しずつ自信をもち、自分で問題を乗り越えようとするでしょう。親は、支えていた手をそっと放し、子どもを見守ってください。どんなに小さなことでも、「ひとりでできた」と感じると、自信がわきます。小さな積み重ねが自己肯定感を高め、定型発達の社会でも特性をいかして自分らしく輝けるようになるはずです。

困難を克服するための
学習のしかたは、
発達障害のタイプごとに
異なります。
どういうプロセスで教えると
わが子が理解しやすいかを考えながら
サポートしていきましょう！

SLD

手助け＋環境が重要

それぞれの苦手に合わせた学習の手助けが必要。否定されたり、笑われたりしたことがトラウマとなっている子どもも。安心してものごとにとり組める環境も重要。

ルーティンの時刻を固定し、家庭生活のルールをつくる

時間の基準にのっとって生活する

生活リズムが崩れると自律神経が不安定になり、心身に不調が出ます。起床や食事、就寝などの時間を定め、家族で守りましょう。発達障害のある子は、人に合わせ、臨機応変に行動するのが苦手です。時間割をつくると生活は安定します。とくに起床時間を一定にすると、リズムが整いやすくなります。

時間割をつくる

起床、食事、入浴などの日課は同じ時刻に行うようにする。基準ができることで生活にリズムが生まれ、自律神経が整い、心身ともに安定する。

時間感覚がなくなりがちの子どもには、タイマーのアラームなどで、時刻をはっきりと知らせる工夫をするとよい。

ASD

次を予測できて安心

次になにをすべきかがわかるほうが安心。予測して行動でき、一日の見通しが立つため気持ちが落ち着く。

ADHD

短めの時間割で作業を区切れる

集中していて時間を忘れてしまうことが。少し短めの時間割をつくり「ここまで」とひと息つけるようにする。

オリジナルの時間割をつくってみよう！

以下の時間割を参考にしながら、
わが家のオリジナル時間割をつくってみよう。

時間割の例（平日版）

時刻	やること
6:00 〜 7:00	起きる＋顔を洗う
7:00 〜 7:40	朝ごはんを食べる
7:40 〜 8:00	学校の準備をする
8:00	学校に行く
	学校
16:00	家に帰る
19:00 〜 20:00	夕ごはんを食べる
21:00 〜 21:30	お風呂に入る
21:30 〜 22:00	翌日の準備をする
22:00	寝る

起床時間は一日のリズムを決める。休日も同じ時刻に起きるほうがよい。

アイコンやイラストなどを利用。ASDの場合視覚的な情報のほうが理解しやすい。

針の時計を読むのが苦手な子も多い。時計マークも添え、視覚的認識の強化を促す。

休日版をつくるときは、昼食やお手伝い、散歩などの項目を入れる。

塾や習いごとがある場合は、曜日ごとに時間割をつくるとよい。

隙間時間にネットやテレビゲームの時間を設けると区切りがつきやすい。

朝の時間帯に慌てないように、夜のうちに翌日の準備を終える習慣をつける。

日課はマニュアル化し迷わずできるようにする

ＡＤＨＤにはうっかりミスなどの特性があります。一方でＡＳＤにもものごとをやりとげられない傾向が。発達障害のある子の多くは、日常生活で多くの課題に直面します。脳のワーキングメモリが小さいのが一因。複数のものごとを処理するのが難しいのです。日課をマニュアル化することで改善できる可能性があります。子どもがひとりで行動できるようになったらその場でほめ、自己肯定感を高めてあげましょう。

身だしなみを整える

【身だしなみチェックリスト】

□顔を洗う　□歯を磨く
□髪をとかす
□爪を短くする
□目、鼻、口まわりの汚れを確認する
□シャツがはみ出ていない
□ボタンが全部とまっている

他人の目が気にならないために、衣服がちぐはぐだったり、場に即さなかったり、また髪の毛がぼさぼさのまま出かけたりしがち。１週間単位で着るもののくみ合わせを決めておくとスムーズ。また洗面所に身だしなみチェックリストを貼っておき、確認する習慣をつけさせる。

感触や香りに
こだわりがある子もいる

衣類に対する拒否反応を示す子の場合、感覚器の鋭さを考える必要がある。特定の触感、洗剤の香りなどを苦手と感じている可能性もある。

居場所を整える

子どもの居場所、とくに勉強する場所は、「情報量を少なくする」。色数が多かったり、文字や絵などがあちこち目につくと、それらの情報が感覚器を刺激し、落ち着いていられなくなる。音もシャットアウトする。気が散る要素を排除し、集中できる環境を用意。

パーティション
などで仕切る。
シーン
生活音が聞こえないように、ノイズキャンセリングのイヤホンなどをつける。
机の上や壁に余計なものを置いたり貼ったりしない。

部屋数の少ない家でもリモートワークができるようなパーティションやブースなどの商品が生まれている。発達障害のある子の勉強スペースとしても活用できる。

置き場所を決める

どこになにを置くかをだいたい決めておくと、忘れ物や探し物が減る。視覚的にわかりやすいように、場所に整理するものの名前を書いたシールなどを貼っておくとよい。

親がそばにいてなにをどこに置くのかを言葉で説明し、理解させ、習慣化させる。

やることの順番を決める

日課としてやることは、順番を決めてマニュアル化してしまう。例えば帰宅したら、決められた場所にかばんを置き、手を洗い、部屋に行くなど、やることの手順を決めておくと、迷わず実行できる。

家を整理し導線を整える
玄関から洗面所、自分の部屋へと、スムーズにやることを終えられるように、導線を整えるとよい。部屋を整理し、動きを妨げるものがないようにする。

ネットやゲームにルールを設ける

ネットやゲームへの過集中、依存傾向が見られる。隙間時間にやらせ(P49)、他の時間は触れないように、スマホやゲームの置き場所を決め、やる場所を限定する。

監視のない空間・時間も必要
発達障害のある子どもは、いつも緊張状態(P38)。一日のうちで1〜2時間程度は、親にも監視されず完全にリラックスできる空間・時間が必要。

親自身がリラックスすると、日常のイライラも消え、親子関係もよくなる。

意識的に休む時間をつくる

定期的に自然のなかでのんびりくつろぐ。街中にある特定の音やにおい、光が苦手だったり、文字情報が多すぎて疲れてしまったりする子も。自然の音や光、においなどが感覚器を心地よく調整してくれる。

サポート② 解説

実行機能の弱さを生活ルールで補う

発育期には自律神経が乱れやすいので、起床や就寝、食事の時間など生活のリズムを整えることが大切です。とくに発達障害のある子は、ルールがあいまいだったり、急に変更されたりすると混乱します。枠組みをきちんと定め、家族みんなで守るようにしましょう。

発達障害のある子には実行機能の弱さが見られる

日々のルーティンでも、不注意やミスでトラブルが生じがちです。言われたことをすぐ忘れたり、モノを置いた場所がわからなくなったりすることなどは、日常茶飯事です。

ものごとを遂行する実行機能という能力の弱さは発達障害特有のもので、原因のひとつに脳の特性が指摘されています。前頭葉にある作業記憶領域（ワーキングメモリ）が定型発達の子よりも小さいため、複数の情報を一時的に脳に保存することが難しいと考えられるのです。

例えば複数の情報を与えられたとき、定型発達の子は同時にいくつかの思考を行い、手順を考えて行動します。一方発達障害のある子はひとつの情報だけを優先してしまい、ほかのことを忘れたり、モノを置きっぱなしにしたり、作業手順を覚えられなかったりするのです。

こうした実行機能の弱さを補うためにも、毎日の生活の軸を固定して動かさないことが大事なのです。

家族の〝当たり前〟も本人には当たり前ではない

また、他人の考えやルールがわからず、人に合わせて行動することは苦手です。家族が「当たり前」と思うことでも、本人にとっては当たり前ではなく、言外のルールをよく理解していないことがあります。

子どもに説明するときには、自分たちが当たり前に行っている行動をひとつずつ検証し、スモールステップに分けて説明していきます。発達障害のある子は視覚的感覚が優れているので、絵や写真など視覚に訴えるサインをつくるとスムーズに理解できます。

生活の時間割は子どもと一緒に組み立て、積極的に子どもの意見をとり入れましょう。時間割を守って行動できたときにはきちんとほめます。親に認められると子どもは達成感を感じ、自己肯定感がアップします。

学校に行かないときこそ時間割を活用して

コロナ禍で休校になった後、学校が再開したのに、強い不安感などで登校できない子が数多くいました。こんなとき、子どもの心は自分自身を守るために登校を拒否しています。親は無理に行かせようとはせず、「行かない選択肢もあり」と、考えを変えてください。ただし、生活リズムは大事です。日常生活の柱を立て、そのあいだにゲームなどの息抜きを入れるなど、メリハリのある時間割をつくり活用しましょう。

親が知らずにしている暴力を自覚する

恐怖や苦痛に感じることは暴力

「暴力＝手をあげること」と考える人もいますが、精神的な苦痛を与えることも暴力に相当します。イライラしているときなどについやってしまいがちですが、子どもに苦痛を与える行為はNG。恐怖をともなうできごとは、記憶に残りトラウマ（心的外傷）になりやすく、将来にわたり影響が残ります。

やりがちな暴力をチェック

□ **怒鳴る**
大きな声を出して叫んだり、名前を呼んだりする。

□ **殴る・蹴る・たたく**
身体的な苦痛や嫌悪を感じさせること全般。

□ **脅す**
「～したら置いていく」など、条件づけで怖がること、いやがることをチラつかせる。

□ **モノに当たる**
モノを投げたり、乱暴に扱ったりする。ドア類を力任せに開閉することも。

□ **舌打ちをする**
舌打ちをするなど、自分のいら立ちをあからさまに相手にぶつける。

☐ しつこく問いただす

答えられないこと、いやがっていることを質問し続ける。

☐ バカにする・人格を否定する

他人と比較しなじったり、バカにしたり、人格を否定するようなことを言ったりする。

☐ 立たせる・閉じ込める

ずっと立たせたり、一か所に閉じ込めたり、なんらかの拘束によって不自由な思いをさせ苦痛を与える。

☐ いやがることをくり返しする

身体的、精神的に苦痛を感じることをくり返しやり続ける。

☐ 夫婦ゲンカ・DVを見せる

子どもの目の前で夫婦ゲンカをしたり、パートナーに暴力をふるったりする。

☐ 世話をしない

衣食住の世話をしない。不潔にしたり、病気になっても病院に連れて行かなかったり。困っているのに助けようとしない。

☐ 無関心・無視

子どものやることを見ようとしない、聞こうとしない、関心を示さない。

☐ きょうだいと比較し差別する

兄弟姉妹と比較し、なじる、さげすむ。一方だけかわいがったり、逆に暴力をふるったりする（それを見せる）。

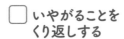

親の暴力の背景にはいら立ち、不安がある

暴力とは、相手を力で支配し、NOと言えない状態にしてコントロールする行為です。親は怒鳴るのも「しつけのうち」と考えがちですが、暴力はしつけではありません。「子どもをちゃんとさせなくては」という焦りやいら立ちが隠れているものです。暴力は、感情がむき出しになり、冷静さを欠いた状態で行われます。子どもが親から負の感情をぶつけられるいわれはありません。どんなに子を思うためだといっても許されません。

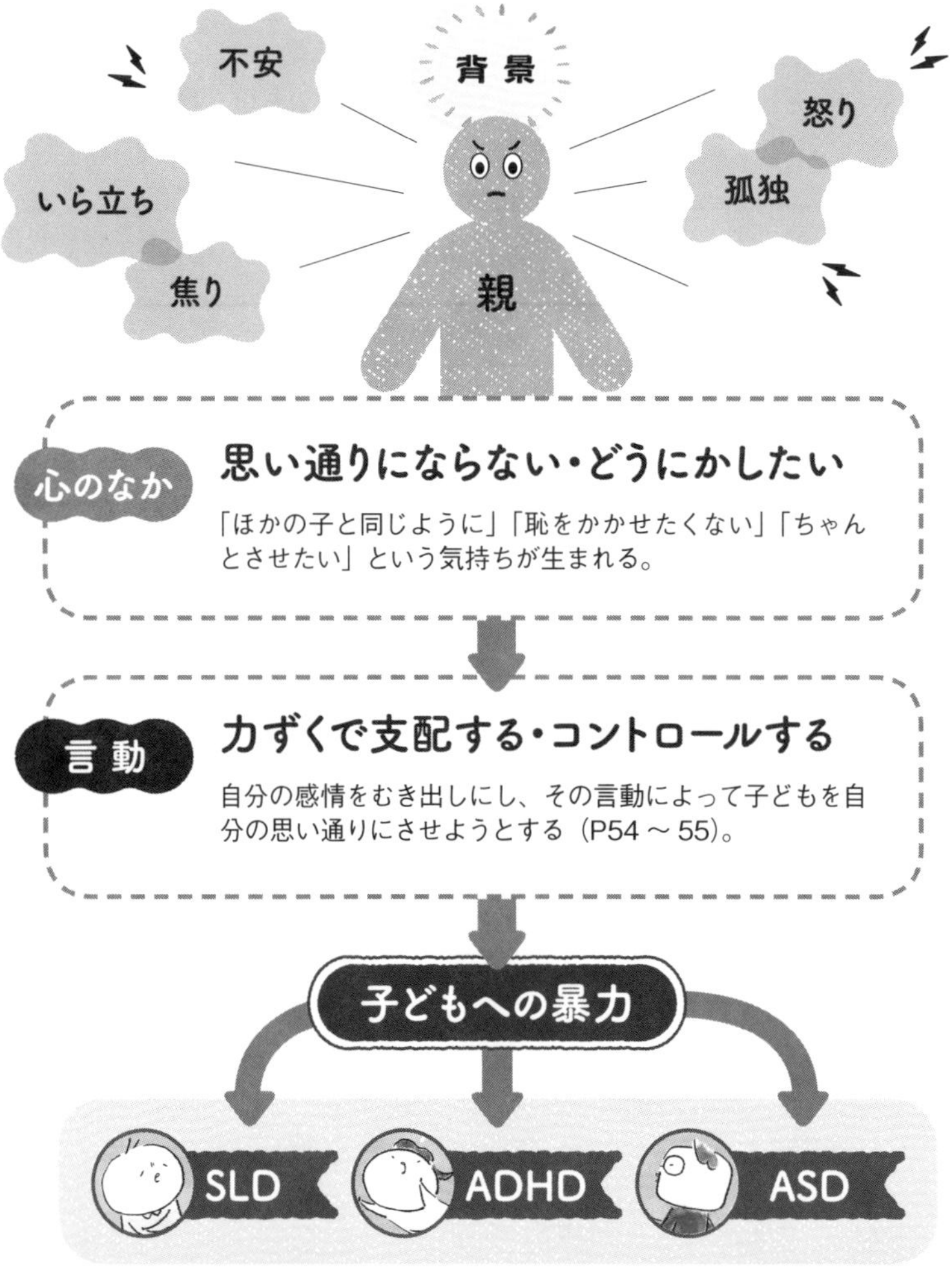

背景
不安
いら立ち
焦り
親
怒り
孤独
心のなか
思い通りにならない・どうにかしたい
「ほかの子と同じように」「恥をかかせたくない」「ちゃんとさせたい」という気持ちが生まれる。
言動
力ずくで支配する・コントロールする
自分の感情をむき出しにし、その言動によって子どもを自分の思い通りにさせようとする（P54～55)。
子どもへの暴力
SLD
ADHD
ASD

暴力を受けるとPTSD、二次障害で将来に禍根を残す

暴力を受けると子どもは「自分のせいだ」「ダメなやつだ」と考え、自己肯定感が低下します。また、親子の信頼関係に亀裂が入り、家庭内はつねに緊張状態。子どもは二次障害を発症しやすくなります。視覚が優位に働くため、暴力を受けた映像がフラッシュバックされ、ＰＴＳＤ（P58）になることも。暴力を受けた子が成長し親になったときに、自ら子どもに暴力をふるうといった世代間連鎖が起きるケースもあります。

暴力を受けた子ども
SLD
ADHD
ASD
暴力の影響
●自己肯定感が低下する
自分が原因で暴力が生まれたと思い、自分自身を否定するようになる。自己評価、自己肯定感が低下する。
●信頼関係のベースが壊れる
親への不信感が生まれ、信頼関係の基盤に亀裂が生じる。家庭内は緊張状態で、安全・安心がなくなる。
●怒りを覚える・暴力をふるう
激しい怒りが生じる。またその怒りが、暴力となって自分自身や他人に向かう。
●空想・現実逃避する・感情を封印する
怒りや悲しみのあまり空想世界に逃避したり、感情を押し殺したりすることでやり過ごそうとする。
二次障害
心身の不調が二次障害として現れる（Ｐ８・20）。PTSD も二次障害のひとつ。
幼少期のトラウマが大人になって精神的な問題として現れるケースも！！
トラウマ
暴力がトラウマになる。同じ状況でフラッシュバックする PTSD になることも多い。

サポート③ 解説

暴力を〝当たり前〟にせず、家庭を安心できる場にする

子育て中の親は、イライラしてつい子どもに当たってしまうことがあります。けれども親から受けた暴力はトラウマになりやすく、子どもの発達に著しく悪影響を及ぼすことがわかっています。

視覚優位な子どもが多く、より鮮明に暴力を記憶する

言葉が未発達な幼児は視覚で記憶するので、体験が映像として脳に残ります。とくに発達障害の子には視覚優位の傾向がありますが、なかでもＡＳＤはヴィジュアル記憶に優れているため、体験が脳に鮮明に刻み込まれてフラッシュバックし、深刻なトラウマになります。

また、子どもは自己と自分をとり巻く世界との関係を形成する段階にあり、問題が生じると自分が原因だと考えがちです。このため、「自分がダメだから暴力を受けるんだ」と思い、自己肯定感が低下します。

さらに、家庭は子どもにとって最初の「世界」であり、家庭＝全世界

ADHDとPTSDは合併しやすい

トラウマとは心的外傷、精神的に受けた心の傷のことです。トラウマを負った日付や時間帯、同じ環境に置かれると突然フラッシュバックし、当時と同じ苦痛や恐怖が鮮明によみがえることをＰＴＳＤ（心的外傷後ストレス障害）といいます。

とくにＡＤＨＤはＰＴＳＤを合併する頻度が高く、叱られる場面の多さに加え、脳内の神経伝達物質に共通点があるのではないかと考えられています。

です。このため、家庭内で自分に危害が加えられると、世界は恐ろしいものという認識が生まれてしまいます。

親の暴力によるトラウマは、外からは見えません。けれども、4歳ぐらいまでに親から暴力や虐待を受けていた場合、18歳頃に突然フラッシュバックし、親への激しい暴力が噴出するケースも見られます。

自分は「大丈夫」と思わずに、親自身がストレスと向き合う

子どもへの暴力は、親自身のストレスが原因となっている場合があります。また、親自身が暴力を受けたり、暴力が当たり前の環境で育ってきたりした場合には、暴力が世代間に連鎖する場合もあります。

親が自分のストレスと向き合い、心の問題を解消する努力が必要です。子どもが受診する小児神経科・児童精神科の先生に相談して、ペアレントトレーニング（P93）を行う医療機関や療養施設などを紹介してもらうことをおすすめします。

子どもへの暴力（児童虐待）は夫婦間の暴力と同時に起こりやすく、DVの被害者が虐待の加害者になるケースもあります。慢性的に暴力が行われると思考力も判断力も低下します。悩みがあれば、「自分は大丈夫」と思わず、相談機関など（P88）に助けを求めてください。

家族間の暴力で起こりやすい3つのパターン

夫婦間で受ける暴力（DV）と子どもへの暴力（虐待）は同時に起こりやすい。

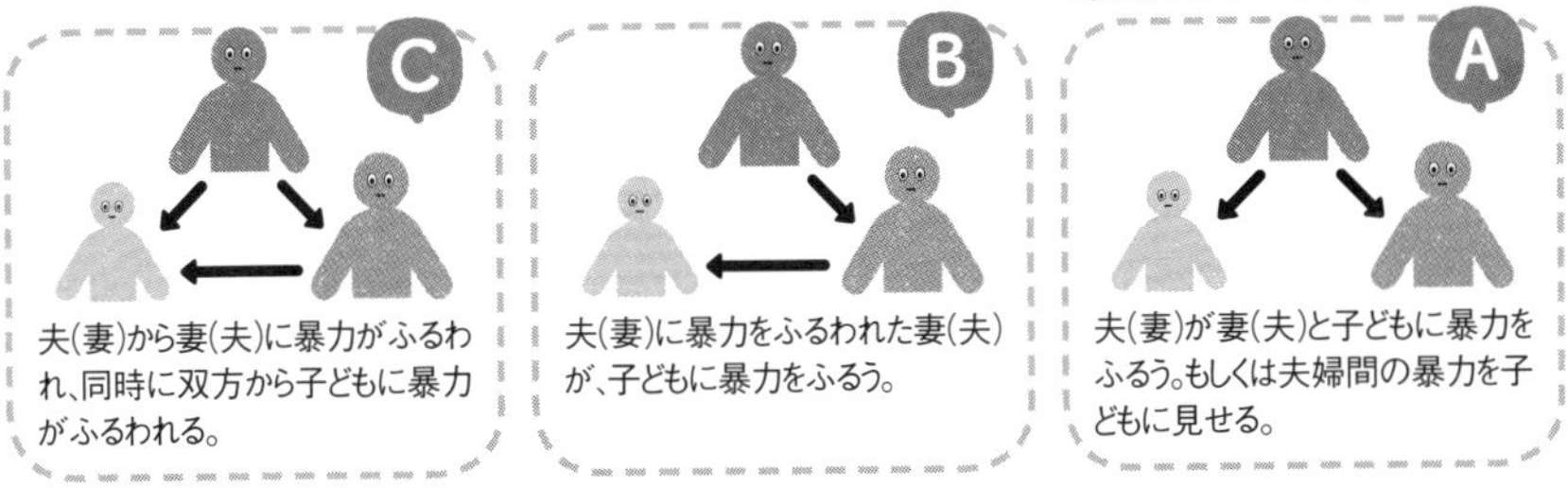
A
夫(妻)が妻(夫)と子どもに暴力をふるう。もしくは夫婦間の暴力を子どもに見せる。
B
夫(妻)に暴力をふるわれた妻(夫)が、子どもに暴力をふるう。
C
夫(妻)から妻(夫)に暴力がふるわれ、同時に双方から子どもに暴力がふるわれる。

ひとりで悩まず、
相談機関に連絡を！

児童相談所虐待対応ダイヤル
☎189

DV相談ナビ
☎#8008

ほめる基準をたくさん設けて、本人にわかるようにほめる

ほめることが自己肯定感のアップに直結

発達障害のある子は、みんなにとっては当たり前のことを苦手に感じたりできないことがあり、自信を失いがちです。スモールステップに分けてやり方を教え、できたらその都度、すぐにほめるようにします。小さな自己肯定感が、次のやる気へのガソリンになります。

ほめるタイミングはここ！

□ 苦手なことができたとき

手順を覚えられた、挨拶できた、じっと座っていられた、字を覚えられた……など、苦手なことができたらよくほめる。

できた!!
書けた!!
博
よかったね!
できたね!

□ 約束・ルールが守れたとき

生活習慣のなかで決めた約束やルール (P48) が守れたら、ほめる。習慣化するためにくり返し、何度もほめるといい。

□ 得意なことをしているとき

本人が夢中になってやる好きなこと、得意なことを発見したら、それにとり組んでいる最中にほめる。

➡P73

よくできたね!
えらいね!
すごいね!
かっこいいね!
すてきだね!

目標は自分で決めさせたほうが、
達成感があり、
自己肯定感はアップするよ！

□ 目標が達成できたとき

宿題をしてからゲームをする、ドリルを決めたページまでやるなど、目標を達成できたらよくほめる。

よく がんばったね！

よくできたね！

すごいね！

□ よい状態が続いているとき

机に向かって勉強している、きょうだいで仲良く遊んでいるなど、望ましい状態をキープできるようにほめる。

がんばって いるね！

いい調子だね！

□ 穏やかにリラックスしているとき

本人が穏やかにリラックスして過ごしているときには、その子の存在そのものを肯定してあげる言葉をかける。

大好きだよ

ありがとう

□ お願いしたことをやってくれたとき

お手伝いを頼んだり、家事の役割を与えたりして、前向きにとり組んでいたら、よくほめる。

ありがとう

うれしい

助かる

お手伝いをすることで、
こんな機会が生まれます！

❶ **本人の興味・関心を引き出す**
❷ **本人の特性を理解する**
❸ **ほめる機会をつくる**

ADHDの子どもにはごほうびが効果的

なにか挑戦するときに、ごほうびを期待すると「線条体《せんじょうたい》」という脳の報酬系経路が活性化し、やる気がわきます。ADHDの場合は、先にごほうびを受けとらないと線条体が活性化しません。

やる気を引き出すには頻繁にごほうびをあげたほうがいいのです。「注意散漫でほめるところがない」と思うかもしれませんが、とくにADHDの子は、ささいなことでもできたらほめるようにしましょう。

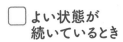

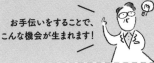

その場で具体的にわかるようにほめる

発達障害のある子を言葉だけでほめても、きちんと伝わらないことがあります。ほめるときには本人の注意をまずこちらに向けさせましょう。名前を呼んで顔を見て、同じ目線で話しかけてください。言葉で伝えにくければ、表情や声、指のサインなど表現を工夫します。ポイントは、その場ですぐほめること。「あのとき」などと過去の話をすると混乱します。「こそあど」などの代名詞が苦手なので、具体的にわかりやすく話しましょう。

✕ 伝わらないほめ方

会話の流れのなかで、さりげなくほめても、発達障害の特性ゆえに「ほめられている」シーンを見逃すことが多い。まずどの特性が理解の妨げになるかを理解する。

指示語を理解できない

これ、それ、あれ、どれなど、文脈から判断したり、コンテクストを共有したりしないと理解できない指示語（こそあど言葉）が苦手。

忘れっぽい

ASD の場合、作業記憶領域の小ささなどが影響し、最近のことを忘れてしまうことも。

長い話は理解しづらい

要点をおさえながら話を聞くのが苦手。話が長いと混乱してしまう。

表情の読みとりが苦手

とくに ASD の場合、自分からアイコンタクトをとるのが苦手で、表情を見逃してしまう。そのかわり声のトーンで感情を理解する。

違うことに関心が向いている

親に関心が向いていない状態でほめても、耳に届かない。

人の意図を汲みとりづらい

人に対する関心がもともと薄く、他人の意図を汲みづらい（P16）。

ほめサインでよりわかりやすく

表情や言葉に頼らなくても、ほめられていることが視覚的にわかるよう、ボディランゲージやハンドサインで示す。ただし触られることや、大きな音が苦手な子もいるので注意。

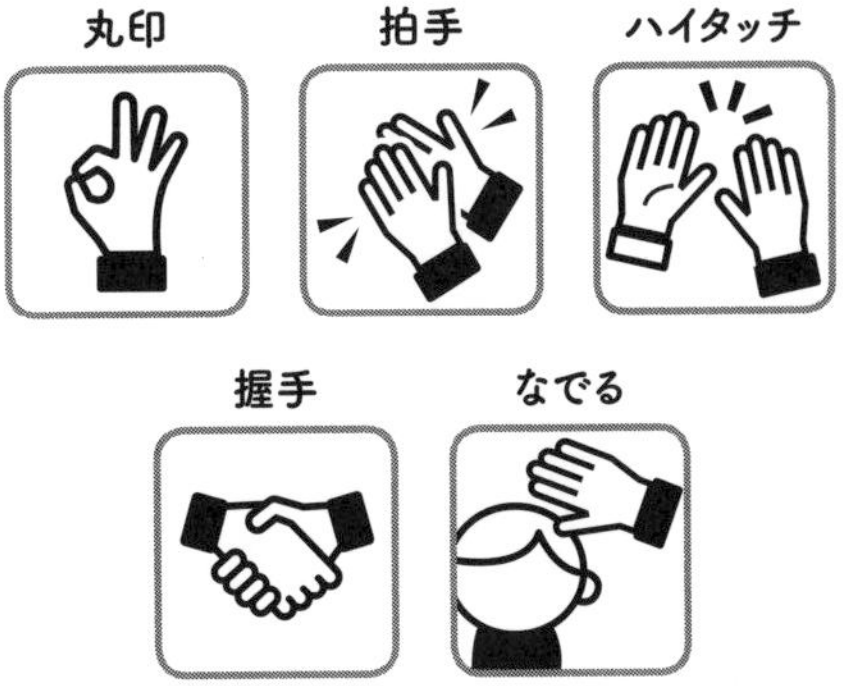
丸印
拍手
ハイタッチ
握手
なでる

伝わるほめ方

最初に名前を呼び、本人とアイコンタクトをとってからほめると伝わりやすい。特性による理解不足を、こちらの表現で補う。

アイコンタクトをとる

名前を呼んで、アイコンタクトをとってからほめるようにする。

子と親
Our world
○子ちゃん、このミックスジュース、おいしくできたね！
アイコンタクト

短い言葉で簡潔に

ほめ言葉は、できるだけ短く。理由を添えたいときは簡潔に。

声のトーンを変える

ほめるときは普段よりも明るく、少し高いトーンで話す。

笑顔で話す

口角をあげて、満面の笑みでほめる。

いまのことをほめる

過去のことではなく、いま目の前で起きていることをほめる。

指差しで示す

ほめるテーマの内容を指差しなどで具体的に示す。

サインを示す

表情を見なくてもわかるように、手でほめサインを出す（上）。

サポート④　解説

ほめられることで達成感と効力感を得られる

子どもをほめることを「甘やかす」と考える人もいますが、ほめる＝甘やかすではありません。子どもはほめられると達成感を得て、さらにがんばる気持ちをふるい立たせることができます。

スモールステップに分けて挑戦させ、何度でもほめる

とくに、みんなと同じことができず自信を失いがちな子どもにとって、ほめられることは次の挑戦への推進力になります。

一日最低30回を目標に、「できたらほめる」をくり返しましょう。

例えば、当たり前のことも手順をスモールステップに分けておき、ひとつクリアするごとにほめてあげてください。手順を細かく決めることは、発達障害の特性である実行機能の弱さ（Ｐ52）をカバーすることにもつながります。

自信がついてきたら、自分で目標を決めさせてチャレンジさせましょ

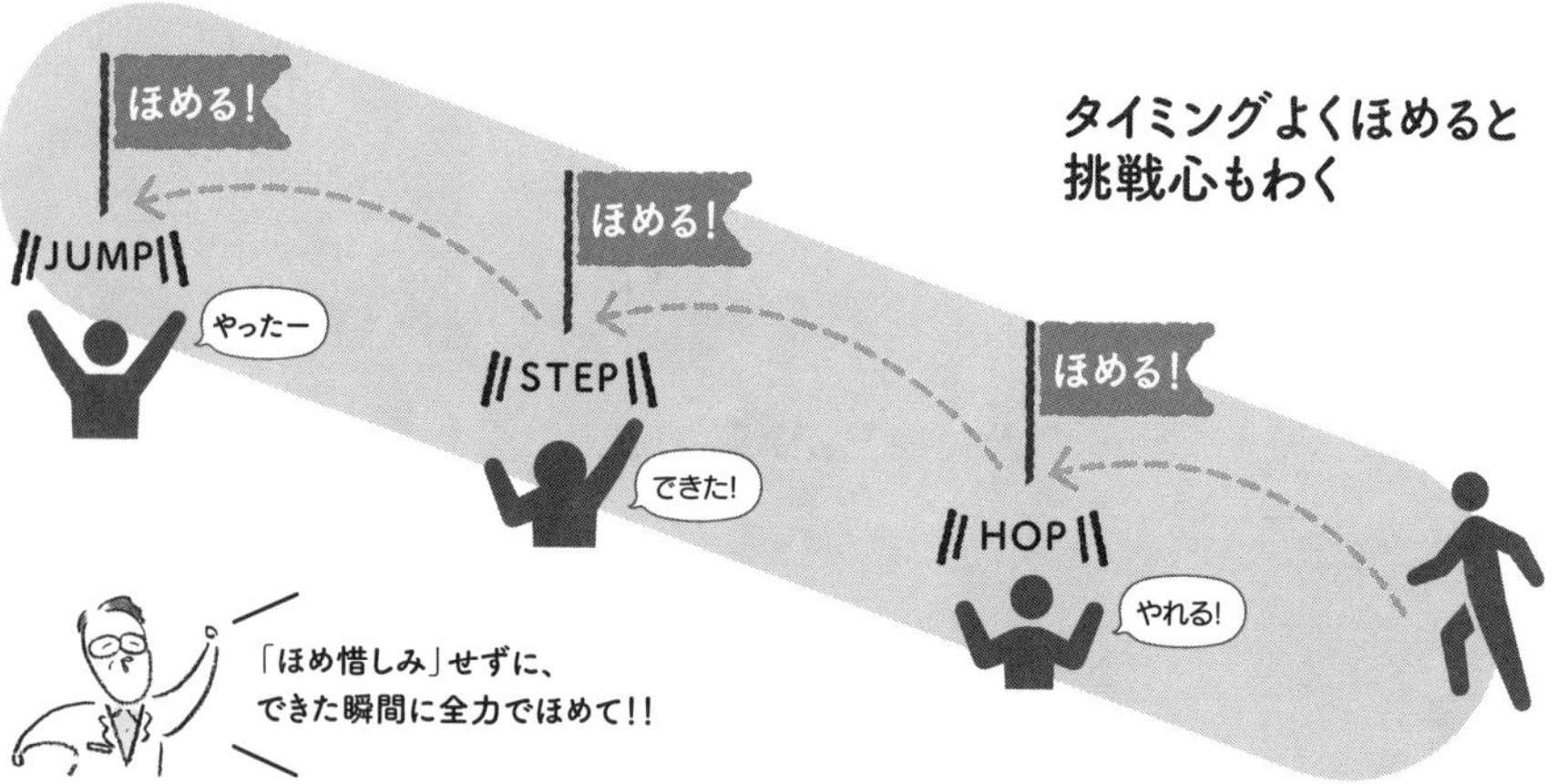
タイミングよくほめると
挑戦心もわく
ほめる!
JUMP
やったー
ほめる!
STEP
できた!
ほめる!
HOP
やれる!
「ほめ惜しみ」せずに、
できた瞬間に全力でほめて!!

う。壁を乗り越えるたびに達成感が得られ、自己肯定感がアップします。

多少できなくても、ほめてやる気を引き出すことが重要

親は子どもに対して完璧主義になりがちですが、減点主義におちいらないよう注意が必要です。本人は苦労して「できた」と喜んでいるのに、「ここができていないね」などとダメ出しされると、その場でやる気を失います。「えらいね。でも、○○ならもっとよかったのにね」などと、ほめた直後に落とすのもNGです（たくさんほめた後の少しの減点はOK）。多少のマイナス面には目をつぶり、プラス面に注目してたっぷりほめてあげましょう。

また、子どもがひとつのことをクリアすると、すぐ次のステップに進ませたいと思うのが親心ですが、注意が必要。子どもはつねに、自分が達成したことへのごほうびを求めています。満足するまでごほうびをもらえば、自ら次のステップに挑戦しようという気持ちが生まれるはずです。

子どもをほかのきょうだいや友だちと比べるのは絶対にやめましょう。わが子が「いまできたこと」をほめてください。他人と比較されると自信を失うだけでなく、本人もつねに人と比べる癖がついてしまい、自己肯定感を低下させてしまいます。

ここぞというときに父親がほめると効果あり

発達障害のある子は、普段母親に密着しがちです。一緒にいる時間が長い母親より、父親のひと言を素直に受け入れる傾向があります。

母親と父親が情報を共有し、大事なポイントであえて父親からほめてもらったりすると、大きな自信につながります。

本人の特性を理解し、上手に助け、よりよい方向に導く

叱るよりも、スモールステップで誘導

例えば下のように終了時間を知らせるには、まず時計を見、指差します。それで伝わらなければ言葉で補います。私たちは、つい言葉でわからせようとします。しかし、本来、前段階が必要です。

ただ、発達障害のある子は察するのが苦手。指導の際はスモールステップで誘導していきます。

手助けをする

サインの出し方

Step 1 チラ見

終了時間だということを相手に気づかせたいとき、視線を時計に送る。勘のいい人はここで思惑に気づける。

発達障害のある子は、
相手のしぐさから言外の意味を
察することは苦手です。
だからといって先に言葉で指示されても、
ピンとこないし、イメージできません

共同注意の状態をつくって言葉を添える

ＡＳＤやＡＤＨＤの子は、相手の視点から考えを類推するＴｏＭに気づくのが苦手です（P17）。また、言語より視覚での理解が優位なので、いきなり抽象的な言葉で指示されてもピンときません。親自らが子どもの世界に入って世界を共有し、子どもと情感を一体化させ、まず共同注意の状態をつくりましょう(P28～31)。そのうえで、子どもの目線から対象を見て、指差しで気づかせ、最後に言葉を添えてください。

伝え方のステップに合わせて

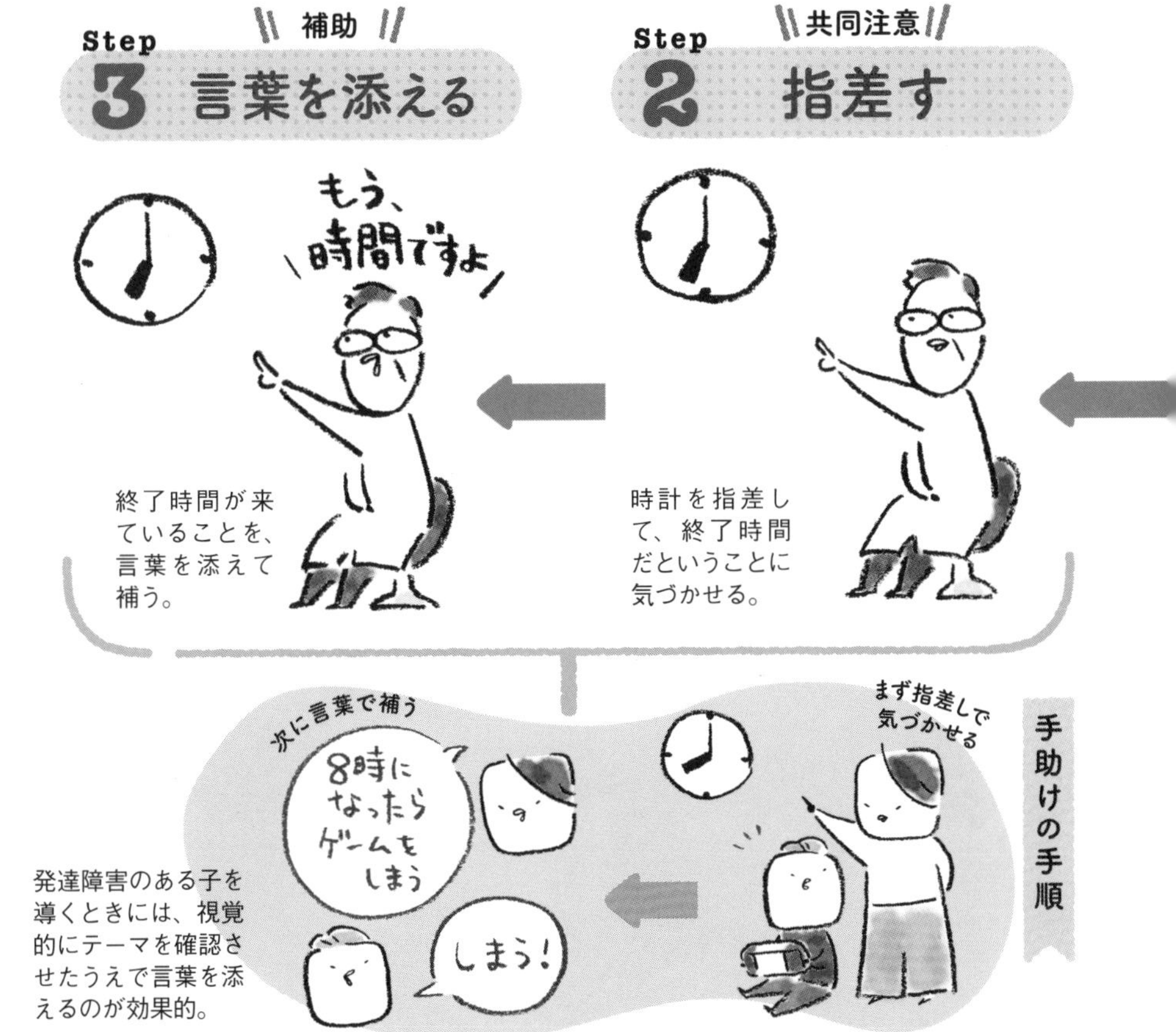

共同注意
Step 2 指差す
時計を指差して、終了時間だということに気づかせる。
補助
Step 3 言葉を添える
もう、時間ですよ
終了時間が来ていることを、言葉を添えて補う。
手助けの手順
まず指差しで気づかせる
次に言葉で補う
8時になったらゲームをしまう
しまう！
発達障害のある子を導くときには、視覚的にテーマを確認させたうえで言葉を添えるのが効果的。

最後は「自分でできた！」感覚をもたせる

基本は、子どもに添えていた手を徐々に放していくことです。どんな子どもでも、最初は手助けが必要です。できなければ、親が手をとりサポートしてもかまいません。少しずつ手を離し、最後は子どもが「自分でできた！」と感じられるようにしましょう。ひとりで最後までできたという達成感が、自己肯定感を高めます。小さな成功体験を積み重ねていくことで、新しいことに挑戦していく自信も生まれるでしょう。

誘導して成功体験の第一歩を踏ませる

1 親が手をとり誘導する

子どもの手をとり、誘導する。例えばゲーム機を引き出しにしまうときは、ゲーム機を持つ子どもの手に、自分の手を添えて、引き出しまで誘導する。

軽く
手を添えて
誘導する。
引き出しにしまう

OK サインを
出して、
できたことを
ほめる（P63）。
本人に
しめさせる。
OK! できたね!

2 最後は本人にやらせる

最後の瞬間は子どもに任せて、子どもが自分でやりとげた感覚をもたせる。ゲーム機を引き出しにしまう場合は、引き出しを閉じるところでは手を放し、本人にやらせる。

不可解な言動はまず特性から理由を考える

学校に行かない、～はしたくない、急に騒ぐなど、一見わがままや身勝手に思える不可解な行動をとることがあります。これらは基本的に発達障害の特性によるもので、本人にはどうすることもできません。頭ごなしに叱ってはいけません。親は特性を理解し、一回はその言動を受け入れましょう。「ためしにこうしてみたら？」と別の方法を提案し、新たな挑戦を促して、視野を広げる手助けをしてください。

本人の言動を受容してから促す

タイプごとの特性から起こる問題行動

SLD

- 読み書き計算などが苦手　など

＊ ASD、ADHD を合併することが多く、両方の問題がある

ADHD

- 落ち着いてじっとしていられない
- 衝動的に行動して周囲を困惑させる
- 言ってはいけないことを言ってしまう
- ルールを守れない　など

ASD

- コミュニケーションがとれない
- 予定が変わるとパニックになる
- 運動が苦手
- 完璧にやらないと気が済まない　など

○

受容する

冷静に「そうなんだね」と受け入れる。それだけでも子どもは落ち着きをとり戻す。

提案・交渉する

「別の方法もあるよ」「(一部だけ)やってみたら？」と提案・交渉し、子どもの視野を広げる。

挑戦を促す

「ためしにやってみたら？」「失敗してもいいよ」と挑戦を促すような言葉を添える。

×

否定する

「ダメ」「できない」「わるい」などのネガティブな言葉を使って否定する。

強引にやめさせる

暴力をふるうなどして、強引にやっていることをやめさせようとする。

詰問する

理由を問いただし、言葉に詰まっていてもくどくどと同じことを聞き続ける。

サポート⑤ 解説

叱るのではなく、がんばりを認め、視野を広げる

親は子どもが心配なので、ほかの子と同じように行動できないとつい叱りつけてしまいます。もちろん、発達障害のある子だからといって放任していいわけではありませんが、叱り方にはコツがあります。

わがままからやるわけではない。頭ごなしに否定しない

子どもは基本的に、いいところをほめて伸ばすのが理想的です。

叱られ続けていると、自己肯定感が低下して自分を「ダメなやつ」と思うようになり、新たな挑戦ができなくなります。なかには「また親が怒っている」と、親の言葉に耳を貸さなくなる子もいます。

また、親は感情的になって子どもに乱暴な言葉をぶつけたり、手をあげたりしがちですが、暴力が許されないのはいうまでもありません。強く叱るのは、子どもが危ないことをしているとき、それにストップをかける合図にとどめるべきでしょう。

やってはいけない叱り方

❶ 暴力に相当すること	暴力は信頼関係を壊し、子どもを萎縮させ、結果的に状況は改善されることがない（P54）。
❷ ネガティブな言葉を使う	「ダメ」「できない」「無理」などネガティブな言葉で叱ったり指示を出したりしない。
❸ 感情的にふるまう	自分の感情のままに怒りや不安を子どもにぶつける。子どもは萎縮するようになる。
❹ 抽象的な表現を使う	「もっと」「すごく」「適当に」「感じよく」などあいまいで抽象的な表現だと伝わらない。
❺ 後から言う	時間が経ってから叱られてもわからない。叱るときはその場で叱る。
❻ くどくど言う	くどくどと叱っても内容が理解できない。叱るときは短く簡潔に叱る。

親が「普通」と思うことができなくても、それは特性が原因で、子どもの努力不足ではありません。子どもの行為を頭ごなしに否定するのはさけましょう。「こうしてみたらどうかな」と、新たな提案をして、少しずつ別の行動を促してください。

スモールステップに分けて視覚的に示し、言葉を添える

発達障害のなかでも、ＡＳＤやＡＤＨＤ、ＳＬＤなどタイプによって傾向は異なります。それぞれの特性や、得意なことと苦手なことをしっかり把握してください。子どもは視覚優位なので、誘導するときには、いきなり言葉だけで指示しても理解は難しいことを覚えておきましょう。定型発達の人が当たり前にやっていることをスモールステップに分けて教えます。子どもと同じ目線に立ち、対象を一緒に見て指差し、最後に言葉を添えて伝えます。

はじめは子どもを手助けし、徐々に手を放しながらひとりでできるように励まします。

失敗しても、けっしてそれ自体を否定せず、新たな選択肢を提案しつつサポートしてください。大人から見て完璧ではなくても、子どものがんばりを認めることが大切です。

タイプ別指導のポイント

SLD

否定語に敏感。リラックスが大事

「違う」「ダメ」と否定され、修正されることに敏感で、うんざりしていることも。「間違えてもいいよ」とリラックスさせる。

ADHD

叱られ過ぎると意欲低下

集中力がなく、落ち着いていられないため、学校などで叱られることが多い。叱られると意欲がそがれてしまうので注意。

ASD

後から＋長々はNG

長々とした言い回しが苦手。後から言われてもわからない。してほしいことはその場で、短い文で簡潔に伝える。

いろいろな経験をさせ、興味を引き出すお膳立てをする

本人の興味をまずは認める

鉄道、恐竜、昆虫、アニメ、将棋、コンピューター……親にはわからない世界に強い興味と関心をもつことがあります。例えば「虫の脚の動き」など、ピンポイントな興味であるケースも。「意味がない」ように見えることがありますが、それが子どもの将来を広げる可能性も。否定してはいけません。

✕ 可能性をつぶしてしまう接し方

価値を下げる
子どもが興味をもっていることの価値を下げるような言い方をすると、自尊心も自己肯定感も低下してしまう。

ダメな結果を想定している
飽きて途中で投げ出してしまうことを想定した物言い。子どものやる気をスポイルしてしまう。

嫌悪感を丸出しにする
「気持ちわるい」「汚い」といった生理的な拒否感、嫌悪感を丸出しにする。子どもの好きなものを頭から否定することになる。

そんなこと
なんの役に
立つの？
どうせまた
飽きちゃうんでしょ
汚いなあ！
気持ち
わるいわよ！
やめてしまう
隠れてやる
やる気を失う
自己肯定感
が低下

こんな発言があったら接し方を見直して！

好きなことに対して
こんな発言が見られ、
急にやめてしまったり、
投げ出してしまったりしたら、
周囲の対応に
傷ついている恐れがあります！

みんなのほうが
上手だから

私は
みんなみたいに
うまくできない

役に
立たない

もっとすごい子が
いるから……

やっても
無駄

可能性を広げる接し方

もっとやりたくなる
前向きな気持ちになる
やる気が
わいてくる
自己肯定感が
ぐんぐんアップ

興味・関心を示す

子どもの好きなことに対して興味・関心を示し、質問したり、提案したりしてさらなる興味を引き出す。

つかまえて
飼ってみようか？

さらなる知識へ誘導

可能性を伸ばすために、関心のある分野の本などを見える場所に置いたり、先達が集まる場所を紹介したりしてみるとよい。

理科教室に
行ってみる？
くわしい人がいるよ！

すごい
集中力だね！

ほめて認める

いいところを見つけてほめ、いまやっていることをそのまま認めてあげる。

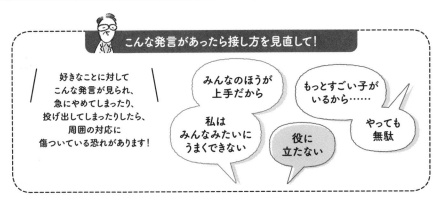

サポート⑥　解説

役に立つかどうかは脇に置き、広い度量で見守り続ける

興味のあることには驚くほどの集中力を発揮する傾向があります。親は、子どもが興味をもつことや夢中になることを見つけ、できるだけサポートしてあげましょう。

じっと見ているもの、集中していることに可能性がある

昆虫や恐竜、鉄道などひとつのものに強い関心を抱く子もたくさんいます。子どもが庭の片隅で友だちとも遊ばず、石ころやダンゴムシ、葉っぱを何時間も見つめていると、大人は「いい加減にしたら」と、声をかけたくなりますが、子どもの世界を親の物差しではかってはいけません。子どもの心のなかでは豊かな世界が育まれているのです。

子どもがなにかをじっと見ていたり、同じ本をくり返し読んでいたりしたらそっと見守り、興味を深める手伝いをしてあげてください。

また、発達障害のある子は感覚が敏感な子が多いので、音楽や絵画、

過集中に注意して！
時間割（P48）を利用して、
オンオフの切り替えを！

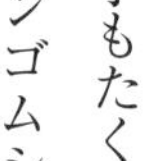

ADHDの子ども

興味が激しく移り変わるが、本人に任せる。アウトプットのしかたがわからない子どもも多い。ノートやスケッチブックにアイデアを書き出すなどの方法を教える。

ASDの子ども

狭いジャンルに興味をもつことが多く、親には理解できないことも。しかし、「なんの役に立つの」「いい加減にしろ」は禁句。

料理などに興味をもつ子もいます。習いごとやお手伝いなど子どもにいろいろな体験をさせて興味の対象を見つけ、得意分野を伸ばしましょう。

お膳立ては大事だが、親の欲目で強制するのはダメ

ＡＳＤのように好きなことに没頭するタイプの子は、大人が驚くような能力を発揮することがあります。ただし、あくまで子どもの自主性を尊重し、教育ハラスメントにならないように注意してください。

親はつい、「この能力を伸ばせばいい仕事につける」とか、「お金が稼げる」など通俗的な価値観で子どもを主導しがちですが、無理に教室に通わせたり、本を読ませたりすることはさけるべきです。

また、ＡＤＨＤの子は好奇心が旺盛。次から次へと興味の対象が移り、「飽きっぽい」と嘆く親もいます。しかし、子どもをもっと長い目で見てあげてください。子どもは多くの体験をしながら心に養分を与えていきます。そのうち本当に夢中になれるものを見つけるはずです。

親がなすべきことは、子どもが好きなことに好きなだけ集中できる環境づくりです。また、発達障害の子は夢中になると寝食を忘れて没頭する傾向があります。親は体調に気をつけ、過集中にならないように適度なリラックスタイムを用意してあげてください。

やりたくないことは、とにかく励ます

興味のないことには無関心という子どもが多く、親はやるべきことをやらせるのに苦労します。「みんながやっているから」ではなく、「なぜこれが必要なのか」を丁寧に説明しましょう。

とくにASDの場合、予定外の行動は苦手です。あらかじめ時間割などに書いておき、オンオフを切り替えるようにします。やる気を出させるには、励ますこと。やりとげたらその場でほめることを忘れずに。

本、映画などの文化資本に触れさせ、思考力の基礎をつくる

文化資本に触れた記憶が将来にいきる

発達障害のある子にとっても、読書は貴重な精神の糧です。物語を通じて人間関係や社会スキルを学び、人生の折々でいかすことができます。児童書に限らず、興味のある本を読ませましょう。ＡＳＤはひとりで読書に集中できますが、ＡＤＨＤやＳＬＤには対話を交えた読み聞かせが適しています。

読書環境を整える

多彩なジャンルの本を用意

図鑑や絵本、マンガなど絵のあるものから小説や伝記、辞書まで、多彩なジャンルの本を手にとれるようにする。

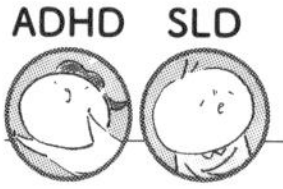

読み聞かせが有効

じっと座って本を読ませるのではなく、読み聞かせをし、合間に質問や感想を交えた対話をしながら読書をするとよい。

落ち着ける場所を用意

静かにひとりで本を読むのが好きな子が多い。椅子などを置いて、読書スペースをつくってあげる。

図書館を利用する

学校や公共機関の図書館を利用するのもいい。

映像作品でコミュニケーションのパターンを学ぶ

映画やドラマ、アニメなどの映像作品は、発達障害のある子が対人関係に慣れるのに最適の教材です。読み書きの苦手なＳＬＤの子でも映像作品であれば理解し楽しめます。対人関係の苦手なＡＳＤの子は、ドラマ性のある作品を見ながら自然な会話を学べるでしょう。自分では体験できない世界を数多く体験することで、さまざまなシチュエーションでの対話や問題解決のスキルアップにつながります。

映像作品を活用する

わかりやすい物語を選ぶ

起承転結がはっきりしたわかりやすいストーリーのものを選ぶようにする。

フレーズを覚えて、演じてみる

単語やフレーズを、使われた場面とセットで覚え、なりきって演じてみるのもいい。

ADHD　SLD

親子で考えながら見る

途中で飽きてしまわないように、親が子に質問したり、感想を言い合ったりしながら見るようにするといい。

ASD

対話のパターンを学ぶ

情緒的なやりとりを理解するのが難しい。親が疑問を投げかけ、対話のパターンを理解させる。

【疑問をもって見ることを促す】

- □ 人の感情が変化するのはどんなとき？
- □ 会話のきっかけと続け方は？
- □ どんなステップで親しくなるのか？
- □ 意見が対立したときどう対処するのか？　など

サポート⑦ 解説

成功談に触れて、夢をもつことを教える

子どもは、家や学校などの限られた環境で生活しています。目の前の環境がすべてだと思うものです。叱られたり否定されたりすると、自分の居場所はどこにもないと感じ絶望します。子どもが自分に合った世界を見つけ、個性を生かして輝くには、それ以外の世界を知ること。本や映像作品などは幅広い世界に触れることができる大切なチャンスなのです。

伝記や歴史本で成功に向かうイメージをもつ

本や映像作品は、自分の知らない世界を体験し、会ったこともない人と深い対話をさせてくれる貴重なツールです。自分の日常とはまったく異なる世界に触れることで、小さな世界に閉じ込められていた心が解放され、大きな視野でものを見られるようになります。

伝記や歴史の本は、子どもにロールモデルを提示し、「こうなりたい」という夢を与えてくれます。そして、ひとたび夢をもつと、子どもは大

本を読むとき、
映像作品を見るときは、
3つくらい作品を用意し、
そこから選ばせると
いいですよ！

人が驚くようなエネルギーを生み出すことができるのです。私は小さい頃からトロイアの遺跡を発掘したシュリーマンが好きでした。彼は幼い頃、親が語り聞かせてくれたホメーロスの叙事詩を史実に違いないと信じ、発掘を思い立ったといいます。ホメーロスの描くトロイア戦争のイメージが、幼いシュリーマンに夢を与え、その夢を実現したいという原動力になりました。私はこの話に感銘を受けました。

夢の形はひとりひとり異なりますが、多くの本や映像作品に触れるうち、「これだ」と思うものに出会い、自分に固有な夢となります。親は、子どものワクワクを尊重し、できる限りサポートしてあげましょう。

パターン化で対人関係の苦手を克服できる

ＡＳＤの子は情緒を理解することが苦手。情感豊かなドラマを見て共感するのは難しいかもしれませんが、コミュニケーションの勉強のつもりでドラマをたくさん見てほしいです。

定型発達社会の人間関係や会話のルールには、パターンがあります。心の機微はわからなくても、ドラマを見ているうちに、「こういう場面ではこう行動する」「こういう言葉をかける」など、テクニックをマスターできます。パターンを学べば日常生活でもまねることができます。

読み聞かせは親子の対話重視で

大人は子どもに物語の筋を理解させようと、一方的に話を聞かせようとします。

しかし、読み聞かせで大事なのは筋の理解より、親子の対話によって思考していくこと。ストーリーから脱線してもかまいません。「主人公は次どうなるのかな？」など主人公の気持ちの変化や物語の展開を、質問を交えて、考えさせながら読み進めます。楽しみながら読書習慣をもたせることを心がけてください。

親の理解を超えるときは、知識・経験のある大人に任せる

家庭・学校以外のコミュニティに参加する

社会生活が苦手な子には、家庭は大切なベースキャンプです。とはいえ思春期は、自立に向かう時期。社会参加に踏み出す練習も必要です。

また、属する集団が限られていると、いじめなどの問題が起きたとき居場所がなくなってしまいます。趣味の会など、居心地のいい場所を複数確保しておきましょう。

人間関係が重なり合わない
コミュニティをもつ

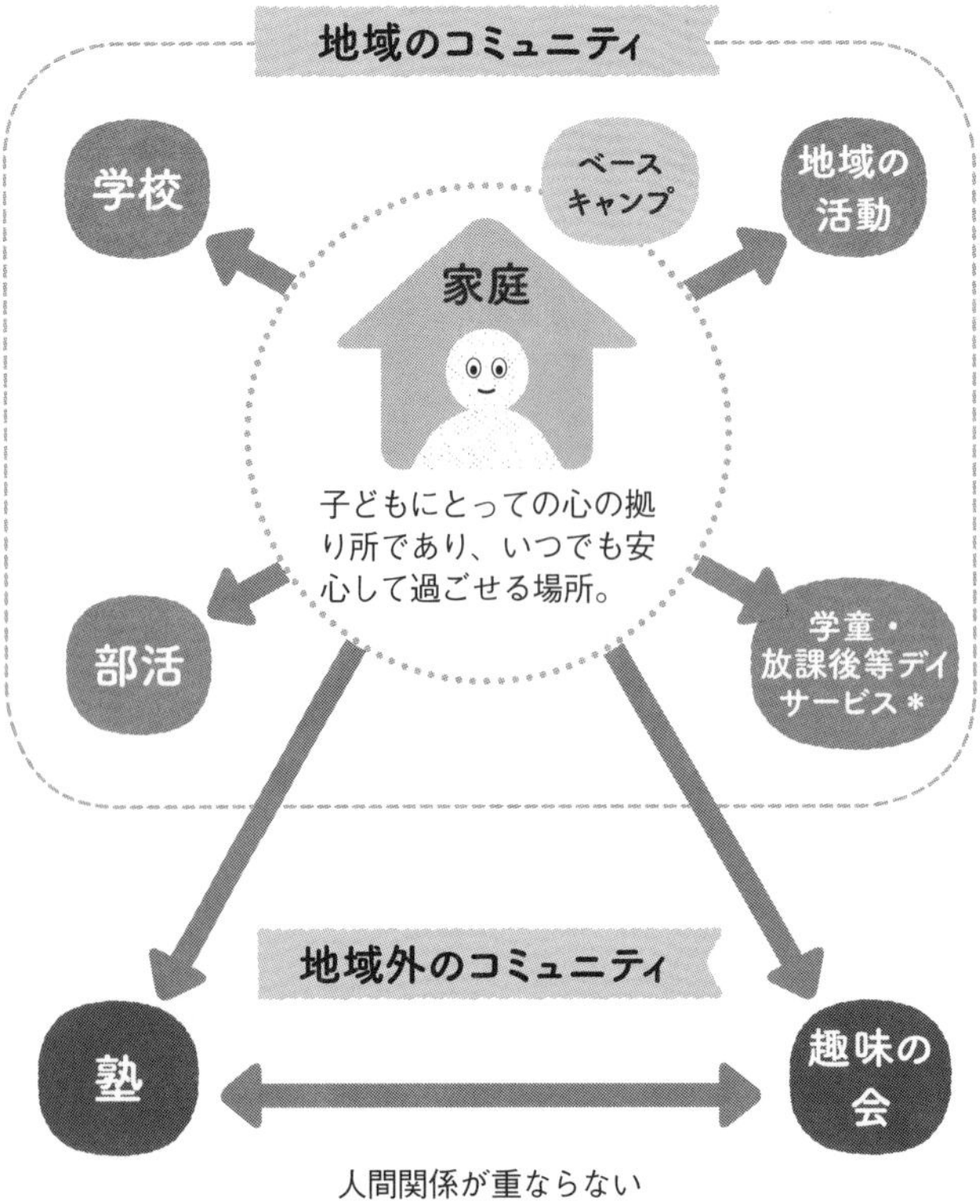
地域のコミュニティ
学校
ベース
キャンプ
地域の
活動
家庭
子どもにとっての心の拠り所であり、いつでも安心して過ごせる場所。
部活
学童・
放課後等デイ
サービス＊
地域外のコミュニティ
塾
趣味の
会
人間関係が重ならない

家庭・学校以外のコミュニティに参加。さらに所属するコミュニティ同士の人間関係が重なり合わないほうが、よい刺激を得られる。

＊発達障害のある子向きの学童施設のような存在。

あこがれの対象にわが子を任せる

思春期の子どもは、少し年上のお兄さんやお姉さんをロールモデルにすると、自分の成長イメージを描きやすくなります。また、より上の世代で、好きな分野で活躍するあこがれの存在ができると、「将来はあんなふうになろう」と、よい刺激になります。あこがれの人に認められれば、自己肯定感もアップします。とくに趣味の分野などで、親が理解できないレベルに成長してきたら、専門分野の集まりに参加させてみるといいでしょう。

趣味の会・教室に参加し才能を開花させる

鉄道、アニメ、天文、将棋・囲碁、歴史、昆虫、恐竜……など、親には理解できないレベルまで趣味を探求していくケースが多い。その分野の先輩たちが集まるコミュニティに参加することで、自己肯定感やモチベーションがアップする。

年齢が離れている人

普段のつき合いにはない、年の離れた人との会話が刺激になる。

あこがれの存在

その道の先生と呼ばれる人と触れ合い、認めてもらうことで、自己肯定感が高まる。

性別が異なる人

自分とは別の性別の人のほうがかえって話しやすかったり、やる気がわいたりする。

少し年上の先輩

趣味を同じくする人で、自分より少し年上の存在がいると、将来をイメージしやすい。

サポート⑧ 解説

先を見通し、前に進むために、その道の先輩を目標にする

子どもにとって将来は、可能性と不安に満ちています。

発達障害のある子のなかでも、とくにＡＳＤは予測できないことが苦手で、将来について不安を抱えがちです。そんなとき、自分のお手本となるロールモデルの存在は、とても大きな支えになります。

よき指導者をロールモデルにする

ロールモデルは、身近なお兄さんお姉さん的な存在で、同じ趣味をもっている人などがベストです。自分の趣味の分野で2、3歩先を歩いている人がいると、心強い水先案内人になってくれます。

とくに思春期は自分の人生を歩み始める時期ですが、発達障害のある子は同世代の友だちをつくることが難しく孤立しがちです。趣味でつながった先輩がいると、いい影響を受けられます。

また、親や先生には反発しても、自分が認めている年配の人の話は素

直に聞けるものです。クリニックでも、主治医である私が「君は先生の小さい頃と同じだね」と言うと、子どもは目を輝かせます。自分の好きなことの延長線上に信頼できる年長者がいるということが、大きな自信となるのです。たったひとりの人間との出会いが、その子の心に大きな変化を及ぼすことがあります。

家庭では父親の存在がメンターの役割を果たす

思春期に大切なもうひとつの存在は、父親です。身近な母親とは異なり、父親は社会の象徴です。社会性に困難を感じやすい子どもにとって、緊張感のある関係であると同時に、社会に出るときの重要なロールモデルとなります。

育児に参加する父親が増えたとはいえ、父親のなかにはまだ、子どもの世話を母親に任せる人も多いようです。けれども、思春期は父親の出番です。自分がどう生きてきたか、困難を乗り越えてきたかを話すと、子どもは将来の道筋を描きやすくなります。とくに男の子にとって父親は重要なメンターで、父親にほめられることが一人前の証拠になります。

父親がいない家庭では、母親が二役こなすことも可能です。親戚や近所のおじさんなど信頼できる人がいれば、助けてもらうといいでしょう。

成功している人は夢をもってがんばっている

子どもに将来のイメージを与えるとき、「人のために生きる心」を伝えたいもの。自分のために生きた人は、死ねばそれきりですが、人のために生きれば、自分の死を人々が悲しみ、心に残ります。そういう人がたくさんいるという思いが、いまの自分の人生を豊かにしてくれます。

また、成功者は夢に向かって努力しています。子どもには多くの体験をさせ、夢をもつ重要性をときましょう。夢はがんばる力の源泉です。

Doctor's VOICE

父親の教育参加は一歩引いておおらかに構える

父親の教育参加によって起こる教育虐待

父親が育児に積極的になることは、母親の負担軽減になるだけでなく、子どもの心身の成長にもプラスになります。

一方、父親が教育に過熱すると、思わぬ弊害も生じます。

例えば中学受験では、自分の成功体験を子どもに押しつけ、子どもの適性を無視した学校を選んだり、プレッシャーをかけたりする父親がいます。

成績が思うように伸びないと、父親は子どもを思い通りにコントロールしようと暴力や虐待に及ぶこともあります。また、成績のわるさを母親のせいにして、DVになるケースもあります。

これでは、なんのための教育参加かわかりません。

子どもの成長にはばらつきがあります。おおらかな気持ちになって、子どもを長い目で見るよう努めましょう。

リモートワークで仕事モードになる危険

在宅勤務の増加で、家族の時間も増えているようです。そこで注意が必要なのは、仕事モードの切り替えです。そもそも家はオフの場。外での緊張を緩めてパワーを補給します。とくに発達障害のある子には、家庭の癒やしが不可欠です。ところが親が仕事モードだと、家でゆったりできなくなります。

また子どもには、たまに親の目のない時間が必要ですが、つねに親が家にいると監視下に置かれ、窮屈な思いをします。

本来父親は、子どもが社会に出るときのモデルとなる存在です。生活の細々したことに口を出さずにどっしり構え、家を癒やしの場にしてください。

Part4

親の余裕が大切

支援機関を利用し、サポートを受けながら子育てする

親に心の余裕がなくなると、
子どもにつらく当たったりしがちに。
子どもだけでなく、
親の自己肯定感も低下させ、
状況はますます悪化します。
発達障害のある子の子育ては、
社会の力を借りながら行うことが
大切です！

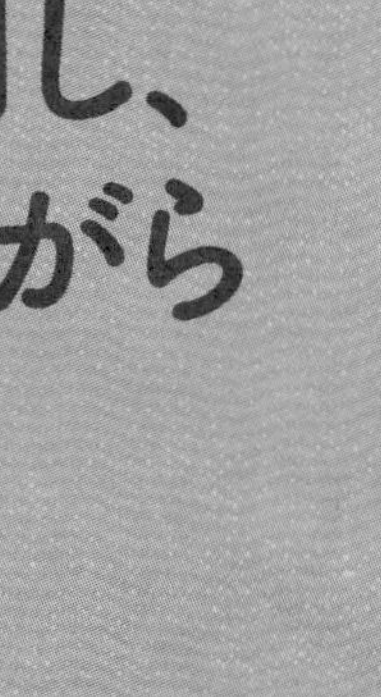

支援機関

福祉サービスを利用し、親の負担を軽減する

発達障害のある子のケアの多くは母親が担っています。父親や祖父母などが非協力的なことも少なくありません。遺伝的な問題も関係するため、家族面談をしていくと、親自身の発達障害が判明することもあります。父親がＡＳＤ、母親がＡＤＨＤというくみ合わせや、母親が父親の共感や協力を得られずカサンドラ症候群（下）におちいる家庭も。

また、祖父母が発達障害に無理解で、母親を責めるケースもあります。

母親が孤立しがち。支援機関を積極的に活用する

こうした問題を抱え込むとストレスがたまり、子どもに暴力をふるってしまうことも。これを防ぐには第三者を頼ることが大切です。公的支援機関には専門家がいて、支援のノウハウが詰まっています。ぜひ積極的に活用しましょう。次頁に支援機関を紹介しています。どこかひとつの窓口に相談すれば、連携して必要な支援先を紹介してもらえます。

夫から共感、協力を得られないカサンドラ症候群

子どもに発達障害がある場合、父親にも同様の傾向が見られることがあります。ペアレントトレーニング（P93）で明らかになるケースも。

子育てに無関心だったり、妻の気持ちに共感を示せなかったり……。

新婚夫婦や恋人だとできることが、子どもが加わり、うまくできなくなり夫とのあいだで、妻が孤立していくのが日本のカサンドラ症候群です。子どもの受診を機に、家族が発達障害に向き合うようになるのです。

親が子どもから離れて休息するレスパイトケアも必要

ケアを行っている家族などが一定期間ケアから解放され、休息やリフレッシュできるようにすることをレスパイトケアといいます。

発達障害のある子が心配で、目を離せないとがんばる親御さんもいるでしょう。しかし、自分が休むことに罪の意識を感じたり、体力の限界までがんばってしまったりすると、結局子どものケアが負担となり、ストレスになります。逆に子どものケアにのめり込んで、できることまで世話を焼くなど過干渉になったり、ケア自体が目的化して依存におちいったりします。そうならないためにも、ときには療養施設のサービスなどのレスパイトケアを活用して介護者自身が休むことが必要です。

発達障害のある子は、障害者手帳を取得すると通所受給者証を取得でき、放課後等デイサービスなどの「療育」が受けられます。障害者手帳は3種類あり、発達障害の場合、知的障害があるときは「療育手帳（「愛の手帳」「みどりの手帳」と呼ぶ地域もある）」、ないときは「精神障害者保健福祉手帳」が取得できます。知的障害がない場合でも、ケースバイケースで受けられる支援があります。まずは発達障害者支援センターに相談してください。

\\ 困ったときに頼りたい！ //

発達障害のある子と家族を支援する機関

発達障害者支援センター

発達障害に関する総合支援を行う地域の拠点であり、よろず相談所の役割を果たす。都道府県・指定都市、または都道府県知事等が指定した社会福祉法人、特定非営利活動法人等が運営している。

●国立障害者リハビリテーションセンター　発達障害者支援センター・一覧
URL　http://www.rehab.go.jp/ddis/action/center/

児童発達支援・放課後等デイサービス

児童発達支援とは、発達障害のある未就学児のための児童発達支援センターと児童発達支援事業所を指す。

放課後等デイサービスは、小学生～高校生までの発達障害のある子たちが放課後や長期休暇中に通う施設。自立のためのライフスキル教育から学習支援、創作活動、居場所の提供、親のレスパイトケアまで総合的な役割を果たす。

●児童発達支援・放課後等デイサービス＋（市区町村名）で検索

児童相談所

18 歳未満の子どもの相談全般を受けつける。家庭に立ち入り調査をし、問題に介入できる強い権限を有する。

●厚生労働省　全国児童相談所一覧
URL　https://www.mhlw.go.jp/stf/seisakunitsuite/bunya/kodomo/kodomo_kosodate/zisouichiran.html

---

児童家庭支援センター／子ども家庭支援センター

子育ての不安や悩みに応じる。場合によっては専門家が学校関係者にコンタクトをとってくれることもある。

●全国児童家庭支援センター協議会　協議会加盟組織一覧
URL　http://www4.ttn.ne.jp/~e-jikasen/entrance.html

受給者証の取得で負担を軽減

児童福祉法に基づき、障害児施設給付制度を使えば、放課後等デイサービスなどの施設の通所・入所に際して国・自治体から利用料の9割の給付を受けることができます。

給付を受けるには市区町村から交付される受給者証の取得が必要です。受給者証は、重い発達障害の場合に出される療育手帳などがなくても医療機関等で療育の必要があると認められ、意見書をつくってもらえれば申請し取得できます。

◉世帯収入別のサービス利用上限

前年度の世帯所得で、月の負担額やサービス利用日数の上限は変わる。
生活保護や低所得であれば0円で利用できる。

区分	世帯の収入状況	負担上限月額
生活保護	生活保護受給世帯	0円
低所得	市町村民税非課税世帯	0円
一般1	市町村民税課税世帯 （所得割28万円＊未満）	通所施設、ホームヘルプ利用の場合　4,600円 入所施設利用の場合　9,300円
一般2	上記以外	37,200円

＊収入が概ね890万円以下の世帯が対象

家庭ごとの条件に
合わせて
月々の負担額が軽減

◉多子軽減措置による負担額の引き下げ

障害児通所支援を利用する未就学児がいる家庭で、以下に当てはまる場合、市区町村の福祉窓口で申請すると、負担額の引き下げが行われる。

❶幼稚園等に通う兄弟姉妹、もしくは障害児通所支援を利用する就学前の児童が同一世帯に2人以上いる場合

❷学校に通学する兄弟姉妹が同一世帯にいて、障害児通所支援を利用する就学前の児童の世帯の、年収が約360万円未満相当の世帯

精神保健福祉センター

心の問題、心の病気で悩む本人や家族、関係者の相談に対応。ひきこもりやゲーム依存などについても専門職員が相談に応じてくれる。

●全国精神保健福祉センター長会　全国精神保健福祉センター一覧
URL　https://www.zmhwc.jp/centerlist.html

市区町村の保健所／保健センター

精神保健にかかわる全般に対応している。発達障害についても相談に乗る。

学校との交渉

子どもへの対応のしかたを、先生と打ち合わせ、共有する

2016年の障害者差別解消法施行により、障害のある子がほかの子と平等に学習できるよう、国公立学校での合理的配慮が義務づけられました。

学校に合理的配慮を求め、子どもの立場を守る

合理的配慮とは、障害のある人もない人も平等に暮らせるように、周囲が支援やルール変更、環境調整を行うことです。

例えば、目の見えない子に音声で情報を伝えたり、音に敏感な子に教室でのヘッドフォン着用を認めたりすることなどがあげられます。

ただ、発達障害にはさまざまな症状があり、一律な調整ではうまくいきません。教師は保護者と連携する必要があります。個別指導計画を作成し、きめ細かな対応をすることが求められます。

個別指導計画を作成する場合、親は家庭での様子や特性を教師に伝え、

よく理解してもらわなくてはなりません。担任だけでなく、ほかのクラスの教師やクラスメートにも理解を促しましょう。「社会にはいろいろな子がいて、認め合うことが大切なんだ」という価値観の共有は、定型発達の子どもにも大きなメリットになります。

国は、生徒に直接かかわる教師を支援するしくみとして、特別支援教育コーディネーターの設置をすすめています。コーディネーターのおもな役割は、教師からの相談対応や保護者の窓口、校内外の連携などです。また、家庭と学校での子どもへの声かけを統一したり、専門家との会合の場を設けるなど、サポート体制がうまく機能するよう調整します。

進路を決めるときは、早めに計画し、行動に移す

また発達障害のある子は意思決定に時間がかかることがあります。早めに進路について考えて準備していく必要があります。

大切なのは、好き嫌いだけでなく、得意な分野を客観的に見極めて進路を選ぶことです。こだわりが強いため自分の好みに固執すると、いざ仕事に就いたとき「こんなはずじゃなかった」と失望してドロップアウトすることになります。家庭と学校が連携して本人の得意分野を把握して、適性をいかせる仕事に進めるようにサポートしましょう。

SLD

学習支援ツールで苦痛をとり除く

「読む」「書く」などの学習が困難なＳＬＤの子をサポートするため、タブレットなどのＩＣＴ機器を用いた学習支援ツールが注目されています。例えば「書く」ことが苦手な子は板書をデジタルカメラで撮影したり、タブレットでキーボード入力することができます。「読む」サポートには、ふりがなや音声再生機能のついたデジタル教科書もあります。また、音に敏感な子にはノイズキャンセリングヘッドフォンも有効です。

医療機関との連携

専門的な支援を受けることで、二次障害を予防する

発達障害の二次障害は、特性によるトラブルやストレスが引き金となって発症します。このため二次障害の予防には、早い段階で発達障害の治療を開始し、特性を上手にコントロールすることが大切です。

通院しているクリニックに相談し、ＳＳＴを検討する

うつや睡眠障害など二次障害の兆候が見られる場合には、発達障害にくわしい専門家の治療が必要です。根底に発達障害の特性があるのに、この方面に明るくない医療機関で表面的な治療にとどまると、何度も再発して悪化する恐れがあります。

すでに児童精神科や小児神経科で発達障害の治療を受けているなら、主治医と連絡を密にとって対応してください。かかりつけの病院をもたず、こうした問題に直面したときにも、まず児童精神科などを訪ねます。

人とのかかわりが苦手な子が社会的行動を学ぶための訓練にはＳＳＴ

（ソーシャルスキルトレーニング）があります。これは、対人関係で「していいこととわるいこと」や、人の気持ちを理解するスキルを習得するためのプログラムです。特性によって適するプログラムが異なるので、専門家に相談してアドバイスを受けたうえで行ってください。

また、親が学ぶペアレントトレーニングでは、子どもを叱らずにほめながら「望ましい行動」を増やすなど、具体的な子育て法が学べます。同じ立場にいる親同士の交流もできるので、ぜひ参加しましょう。

ADHDでは薬を使って衝動性をおさえる方法もある

薬物療法には抵抗のある人もいるようですが、薬なしではイライラやストレスを解消できず、かえって問題が深刻になることもあります。とくにＡＤＨＤの場合には、多動や衝動性に一定の効果があります。

なかにはギフテッドをともなう子どももいますが、どんなにＩＱが高くても自分をコントロールできなければ、能力をいかすことはできません。不登校やひきこもりになり、ＩＱも低下してしまいます。

早期に適切な薬物治療を行うと情動が安定し、落ち着いて行動できるようになります。最終的には薬に頼らなくても行動がコントロールできるようになることが目的です。

ADHDで使用される3種類の薬

グアンファシン塩酸塩徐放剤
（製品名：インチュニブ）

ノルアドレナリンの受容体に作用し、神経伝達がスムーズにいく。感情への作用が特徴。1日1回夜に徐放性製剤で服用。使用に際し血圧、心電図検査を行う必要がある。

アトモキセチン
（製品名：ストラテラ）

ノルアドレナリン系に作用し、注意・集中力を高め、衝動性をおさえる。段どり、時間の概念ができる。４種類のカプセルと内用液タイプがあり、１日２回服薬する。

メチルフェニデート塩酸塩徐放剤
（製品名：コンサータ）

脳内の神経伝達物質（ドパミン、ノルアドレナリン）を調節。徐放性製剤で朝１回服用。脳の前頭前野の機能が高まり、衝動的な行動を抑制できる。

Doctor's VOICE

仲間外れ、SNS経由の性被害……思春期の女の子へのケア

幼少期には気づかれない特性の問題

女の子は男の子ほど活発ではないので、ＡＳＤの特性で友だち遊びをしなくても「おとなしい子」と見られ、幼少期には発達障害だと気づかれないことがあります。

思春期になると、女の子は仲良しグループをつくり、ガールズトークで盛り上がるようになりますが、コミュニケーションが苦手なＡＳＤの子はガールズトークが苦手です。みんなのおしゃべりに加われずに居心地がわるくなり、仲間外れにされて孤立してしまうことがあります。

またＡＤＨＤの子は空気を読まずにしゃべり続けたり、人のいやがるようなことを平気で口に出したりするので、仲良しグループから浮いてしまいます。

このように女の子の場合には、幼少期に気づかれなかった特性が、思春期以降顕在化することがあります。

恋愛や特性のトラブル。SNS使用は注意して

思春期の女の子は、性的トラブルにも注意が必要です。

発達障害の子は男性との適切な距離がわからず近づきすぎたり、相手の身体に触れたりして勘違いされることがあります。

また言葉をそのまま受け止めるので「休んでいこう」と言われてホテルに行ってしまい、被害にあった子もいます。

最近ではＳＮＳで言われるままに写真や個人情報を送ったり、見知らぬ男性に誘われて被害にあうことも多いようです。

女の子には、男性といるときのルールやＳＮＳの危険性を教え、ＳＮＳの利用状況は親がこまめにチェックしてください。

おわりに

私は、いろいろな意味で問題のある子どもでした。自分勝手で、頭の切り替えがわるく、思い込みも激しい。困った点がたくさんありました。

でも自己肯定感を失うことはありませんでした。

いまになって自分がどうつくられたのかを思い返します。私は本が好きな子どもでした。最初に印象に残っているのは、チェコの作家カレル・チャペックの妖精の童話です。ハリウッド映画のスクリーンに映し出される役者は、じつはみんな映画会社と契約した妖精たちなのだ、というくだりにワクワクしました（『長い長いお医者さんの話』）。チャペックの童話で「夢をもてる自分」がつくられたように思います。

次に、印象深かったのは、シュリーマンの『古代への情熱』。ホメーロスの叙事詩からトロイアがあると信じ「夢をもつと苦難を乗り越える力がわく」と遺跡の発掘を続けた彼の自伝です。この本のおかげで「どんなときでも学び続けようと強く思う自分」ができあがりました。

結局自分をつくりあげるのに11歳頃までかかりました。当時は、子どもの成長を待てる家庭と社会があったのです。最近は、子どもが夢を信じて生きられるまで、待てなくなってしまったのかもしれません。

本書は、発達障害のタイプ別の特性に終始するのではなく、子どもが夢をもち、実現するための基盤づくりに注目しました。基盤があると自己肯定感は自然と育まれます。子どもの未来の一助となることを願っています。

宮尾益知（みやお・ますとも）

小児精神神経科医・どんぐり発達クリニック名誉院長。医学博士。

東京生まれ。徳島大学医学部卒業。東京大学医学部小児科、自治医科大学小児科学教室、ハーバード大学神経科、国立研究開発法人国立成育医療センターこころの診療部発達心理科などを経て、2014年にどんぐり発達クリニックを開院。専門は発達行動小児科学、小児精神神経学、神経生理学。おもな書籍に『発達障害の治療法がよくわかる本』『発達障害の親子ケア』（講談社）、『夫がアスペルガーと思ったときに妻が読む本』『発達障害の人の「私たちの終活」』（河出書房新社）、「旦那さんはアスペルガー」シリーズ（コスミック出版）、『この先どうすればいいの？　18歳からの発達障害』『アスペルガータイプの夫と生きていく方法がわかる本』『対人関係がうまくいく「大人の自閉スペクトラム症」の本』『かんしゃく、暴力、反抗、無気力…。うちの子、どうしちゃったの？』（大和出版）など多数。

●どんぐり発達クリニック　http://www.donguri-clinic.com

［参考資料］

「共同注意という子育て環境」大藪泰著（WASEDA RILAS JOURNAL NO. 7）

「高度な潜在能力を持つ【ギフテッドと発達障害の違い】とは？」
宮尾益知監修　井上加織著（https://www.shinga-farm.com/parenting/gifted-education/）

「自閉症スペクトラム（ASD）と思春期問題」宮尾益知著（https://corp.kaien-lab.com/）

『「発達障害」だけで子どもを見ないでその子の「不可解」を理解する』田中康雄著（SB新書）

『発達障害の基礎知識』宮尾益知著（河出書房新社）

『発達障害の子どもの「できる」を増やす　提案・交渉型アプローチ』武田鉄郎編著（学研教育みらい）

心のお医者さんに聞いてみよう

発達障害《はったつしょうがい》の子《こ》どもの自己肯定感《じここうていかん》をはぐくむ本《ほん》

親だからできる“二次障害を防ぐ”8つのサポート

2021年8月15日　初版発行

2024年6月30日　2刷発行

監修者‥‥‥‥宮尾益知《みやおますとも》

発行者‥‥‥‥塚田太郎

発行所‥‥‥‥株式会社大和出版

東京都文京区音羽1−26−11　〒112−0013
電話　営業部03-5978-8121／編集部03-5978-8131
https://daiwashuppan.com

印刷所‥‥信毎書籍印刷株式会社

製本所‥‥株式会社積信堂

ISBN978-4-8047-6374-3